나의 가치를 마케팅하라

하루 10분! 2030을 위한 퍼스널 브랜딩 노트

하루 10분! 2030을 위한 퍼스널 브랜딩 노트

나의
가치를
마케팅
하라

안영진 지음

사우와공감

퍼스널 브랜딩으로 가는 과정

우리는 누구나 자신만의 이야기를 가지고 태어납니다. 그리고 특별한 자기만의 색을 가지고 있습니다. 하지만 그 이야기를 세상에 효과적으로 전달하고, 자신만의 독특한 가치를 구축하는 일은 절대 쉽지 않습니다. 퍼스널 브랜딩은 단순히 자신의 이름을 알리는 것을 넘어, 자기만의 철학과 신념, 경험을 바탕으로 한 고유의 이미지를 만들어가는 여정입니다.

사회로 나가는 준비 단계에서 꼭 필요한 건 마케팅적 사고와 퍼스널 브랜딩입니다. 이 책은 여러분이 자신을 하나의 브랜드로 인식하고, 그 퍼스널 브랜딩을 통해 꿈꾸는 미래로 나아가는 토대가 될 것입니다. '나'를 브랜드화하는 과정이야말로 스스로를 재발견하고, 진정한 의미의 성공을 이루는 길임을 간접적으로나마 알려주고자 합니다. 퍼스널 브랜딩은 외부의 평가에 머무르지 않고, 내면을 탐구하며 자기만의 이야기를 꾸준히 만들어가며 성장하는 과정입니다.

이 책은 퍼스널 브랜딩의 기본 원리부터 실생활에서 적용 가능한 다양한 전략과 도구들에 대해 다룹니다. 여러분은 책을 통해 자신만의 강점과 고유한 특성을 발견하고, 이를 어떻게 세상에 알릴 수 있는지 배울 것입니다. 또한 소셜 미디어의 영향력이 커진 현대 사회에서 온오프라인을 아우르는 통합적인 퍼스널 브랜딩 전략이 왜 중요한지 그리고 그것이 여러분의 인생에 어떠한 변화를 가져다줄 수 있는지 깊이 있게 탐구할 것입니다.

퍼스널 브랜딩은 한순간에 완성되는 것이 아니라, 지속적인 자기계발과 노력이 필요한 긴 여정입니다. 이 여정 속에서 실패와 좌절 그리고 수많은 도전이 여러분을 기다리고 있을 것입니다. 그러나 이러한 경험들이 결국 여러분만의 독창적인 스토리를 형성하고, 그 스토리가 여러분을 더 강하게 만들어 줄 것입니다. 내면의 목소리에 귀 기울이고, 자기만의 색깔을 잃지 않으려는 노력은 결국 여러분의 삶을 예상치 못한 곳으로 이끌어 갈 것이라 믿습니다.

이 책은 기본적인 마케팅 용어들을 녹여 앞으로 마케팅에 관심이 있거나 공부하고 싶은 입문자도 쉽게 다가갈 수 있도록 구성했습니다. 이 책을 통해 누구나 퍼스널 마케팅의 전문가가 될 수 있도록 도움을 주고, 성장하는 삶 안에서 잔잔한 위로와 격려가 되어 주고 싶습니다. 여러분은 잘할 수 있습니다. 진심으로 관점의 전환과 확장을 기대합니다.

각 파트마다 퍼스널 브랜딩의 실천을 위한 구체적인 방법과 사례들을 담았습니다. 자기 이해부터 시작하여 목표와 비전을 명확히 설정하는 방법 그리고 이를 효과적으로 전달하기 위한 커뮤니케이션 전략까지, 여러분이 한 단계 더 성장할 수 있도록 도와줄 것입니다. 또한 변화하는 시대 속에서 자신을 지속해서 업데이트하고, 새로운 기회에 도전하는 자세의 중요성도 강조했습니다.

이 책이 여러분 각자의 삶에 작은 불씨가 되어 스스로 믿고 앞으로 나아가는 데 큰 힘이 되기를 진심으로 바랍니다. 여러분의 이야기는 세상에 단 하나뿐인 소중한 자산입니다. 그 이야기를 멋진 브랜드로 만들어, 미래의 기회도 스스로 만들어가는 여러분이 되길 기대하며, 이 책의 첫 페이지를 함께 열어봅시다.

2025년 4월
안영진

01

마케팅적
사고를 하는 방법

1.1 나를 탐구하는 질문: 나는 누구인가?

"내면의 세계를 탐구하지 않으면, 외부 세계에서
우리가 찾고자 하는 것을 발견할 수 없다."
- 칼 융

나는 누구인가?

대학교에서 마케팅 강의를 하면 보통 첫 수업에서 퍼스널 브랜
딩, 셀프 마케팅에 대해 설명해 준다. 이유는 마케팅적 사고는 기업
에만 적용되는 학문이 아니라 실질적으로 자신을 개발하고 성장시
킬 수 있는 사고에 큰 도움을 주기 때문이다. 자신을 성장시키며
브랜딩한다면 삶을 잘 만들어 나갈 수 있는 전략적 사고를 할 수
있다.

마케팅적 사고를 강조하는 이유는 단순하다. 마케팅을 배운다고
꼭 기업의 마케터가 되지 않는다. 하지만 나를 마케팅 했을 때 어
떤 기회가 찾아올지는 아무도 모른다. 셀프 마케팅과 퍼스널 브랜
딩을 이해하고 실행한다면 인생을 살아갈 때 무기를 하나씩 더 갖

게 되는 것이다. 혼자 운영하는 작은 가게라고 해도 마케팅은 필요하지 않은가?

의사가 되어서 병원을 차려도 마케팅을 해야 한다. 마케팅적 사고로 환자나 손님을 대해야 어떤 사업이든 성공의 길로 갈 수 있다. 마케팅은 잘 파는 개념이 아닌, 소비자나 고객과 함께 가치를 만드는 관계성을 말한다. 좋은 관계가 오랫동안 유지될수록 마케팅 효과는 배가된다.

자기가 어떤 부분에 전문적인지, 남들과 차별화된 내용을 적극적으로 알린다면 고객이 찾아오듯 좋은 인연이나 협업 기회 또는 비즈니스적 인연을 만날 수 있다.

퍼스널 브랜딩을 잘한다면 그 기회를 찾아오게 할 수 있다. 우리는 마케팅적 사고가 필수적인 시대에 살고 있다. 기업에서의 마케팅은 단독으로 일하는 부서가 아니라 매우 다각적인 일을 한다. 내부, 외부 환경이나 고객, 회사, 경쟁자, 대체제, 연구 개발, 재무, 회계 등 모든 분야를 세세하게 다 알아야 한다. 마케팅 부서는 절대 독자적으로 일하지 않는다. 조사 결과와 피드백으로 전략을 세우고 부서들과 다채로운 협업을 통해 기업과 브랜드를 알린다.

그 첫걸음으로 자기에 대해 정확히 알고, 주변 환경이나 미시적, 거시적 변화에 흔들리지 않기 위해 다양한 방면에 관심을 가지며, 사고해야 한다.

나는 수업 첫 오리엔테이션에서 직접 자신을 소개할 수 있는 단어들이나 내용을 정리해 볼 수 있게 종이를 나눠 준다. 학생들에게 어렵지 않은 자기소개 글 같은 것인데, 이때 예상치 못한 반응이 나온다. 대부분 학생이 당황해하며 서로 무슨 말을 써야 할지 모른 채 억지로 몇 글자 적는 모습을 보였다. 몇 학번, 무슨 학과, 아무개입니다, 라고 쓰고 한 두 줄 쓴 게 끝이었다.

40명이 강의실이 꽉 차 있었지만, 나와서 소개하라고 할 만한 학생은 3~4명도 되지 않았다.

자기에 대해 드러내고 알려줄 수 있는 내용들이 그렇게 없을까? 대다수 학생은 과 친구들과 교수에게 눈도장을 찍을 수 있는 절호의 기회를 의미 없이 날려 버렸다. 스스로에 대해 숙고하고 생각해 본 적이 없으니 설명할 말도 특별히 없었던 것이다.

그나마 성의(?) 있게 쓴 5명의 학생을 골라 발표를 시켰다. 그들은 알바 경험이나 자신의 신념, 처음 보는 교수님과 학생들 앞에서 '나는 어떤 사람이고 관심 있는 분야는 이렇다' 등을 발표했다. 그리고 관련된 질문 몇 가지를 받고 들어갔는데, 발표한 학생에 대해 더 많이 알게 되고, 기억하게 되었다. 자신 있게 자기를 드러내는 학생에 대한 이미지는 첫 이미지, 초두효과로 인해 긍정적 영향을 주는 게 사실이다.

살아가면서 이렇게 나를 소개하고 어필하는 순간은 셀 수 없이 많다. 학교 입학, 회사 면접, 작은 커뮤니티에 합류할 때 짧게라도 자기를 소개한다. 그런데 대부분은 사회적으로나 공식적으로 자신을 드러내는 것을 불편하고 어려워한다. 코로나 팬데믹 이후 더욱 그런 것 같다.

여러분도 자신이 어떤 사람임을 알릴 좋은 기회를 놓치고 있지는 않은가? 자기소개가 별거 아닌 것 같지만 그것만 잘해도 초반 이미지나 관계가 유연해질 수 있다.

젊은 친구들에게 자신을 마케팅할 수 있는 사고를 놓치지 말라고 이야기하고 싶다. 많은 브랜드도 시장에 출시되었지만, 차별화된 제품과 서비스를 만들어 냈을지라도 잘 알리지 않는다면 호응을 얻을 수 없고 이후엔 조용히 사라지게 된다.

숨어서 열심히 하지 말고 잘하는 걸 드러낼 방법을 연구해 보자. "저는 열심히 노력하고 많은 준비가 되어 있는 사람입니다" "저는 남들과 다른 매력이 있어요" "이 분야는 제가 전문입니다" 이렇게 알리는 과정이 정말 중요하다. 브랜딩에 성공한다면 말하지 않아도 내 이름, 얼굴만 봐도 그 브랜드 이미지가 떠오르게 만든다. 이게 바로 이 책에서 말하고 싶은 퍼스널 브랜딩이다.

여기서 가장 중요한 건 남들과 다른 차별화인데 나만이 가지고 있는 남다른 색깔과 이미지로 호감을 사는 것이 중요하다. 물론 말로 끝나는 것이 아니라 태도로 보여주는 것이 일관성 있게 개인을 브랜드화하는 핵심이다.

직접 질문하라(Ask yourself)

마케팅에서 3C[자사(company), 경쟁사(competitor), 고객(costomer)] 분석은 기본적인 질문으로 시작한다. 회사는 어떤 제품이나 서비스를 효율적으로 생산해 낼 수 있는 능력이 있는가? 고객이 보기에 매력적인 회사 이미지와 브랜드를 만들기 위해 어떤 노력을 해야 하는가? 고객은 어떤 제품을 원하고 사고 싶어 하는가? 고객은 어떠한 제품을 통해 어떤 문제를 해결하려고 하는가? 여러 가지 질문을 통해 기업은 자사, 경쟁사, 고객을 분석해 보고 전략을 구축한다.

여기서 자사 분석을 자신으로 바꿔본다면 쉽게 접근할 수 있다. 내가 만들어 낼 수 있는 핵심 가치는 무엇인가? 나는 어느 분야에 전문성을 가지고 있는가? 이 부분은 결국 다른 경쟁자에 비해 비교우위를 선점하고 있는가? 나는 어떤 문제를 해결할 수 있는 사람인가? 나의 가치를 인정해 주는 곳에 제대로 어필할 수 있는가? 등의 질문으로 변경해 볼 수 있다.

완전한 사람은 없다. 만들어가는 것이지 어느 날 뚝딱 잘하고 못하고가 정해지지 않는다. 평균수명 120세 시대, 지금 이 책을 읽고 있는 여러분은 무엇이든 극복하고 만들어갈 시간과 나이를 가지고 있다. 여러분은 늦지 않았다. 시작이 빠르다. 퍼스널 브랜딩의 개념이 2030에 정확하게 정리된다면 앞으로 여러분의 삶은 책을 읽기 전보다 더 멋지게 달려갈 수 있는 동기가 될 것이다.

나는 어떤 사람인가, 남들과 다른 차별점은 무엇인가? 나는 어떤 문제들을 잘 해결해 낼 수 있는가? 내가 보는 나와 남들이 평가하는 나는 어떻게 다른가?

수없이 직접 질문해 보고 답을 찾아야 한다. 자기 자신을 이해하고 깊이 알아가는 과정은 내면적인 탐구와 외부 세계와의 상호작용을 통해 이루어질 수 있다. 단순히 내가 어떤 사람이라고 정의하고 끝나는 것이 아니라 한 단계 더 발전된 질문들로 나를 만들어가는 훈련을 해야 한다.

우선 나를 알아야 하니 나만의 강점은 무엇인지 질문해 보자. 자문자답이란 말이 웃긴 것 같지만 스스로 질문을 하는 습관을 들인다면 더 정확한 답을 사고해 낼 수 있다. 학생들에게 셀프 SWOT 분석(1.3에서 자세히 설명 예정)을 과제로 내주면, 대부분 자기의 강점에 대해서 잘 생각해 보지 않았다고 한다. '나는 뭘 잘하는가? 잘하는 게 있나?'라는 자신감 없는 생각들로 시작했다고…. 생각해 본 적이 없으니 답을 내기도 어려웠다고 고백했다. 진지하게 고민하고 생각해 보는 시간을 따로 가진 후 자신의 장점과 강점을 찾게 되었다고 한다. 자신의 강점, 가치관, 목표에 관해 충분히 질문해 보는 게 좋다.

무엇보다 내면을 바라보는 시간이 중요하다. 이 소중한 시간을 지켜내길 바란다.

내가 바라보는 나와 타인이 바라보는 나의 이미지도 생각하고 고려해야 한다. 목적과 전략이 없다면 인생 살기가 어렵고, 해결 방법을 찾기 힘들 때가 있다. 나에 대해 정확하게 알고 있다면 삶의 목적과 전략을 만드는 첫 번째 단계가 된다. 이는 나를 알아가는 질문들을 통해 가능하다.

다음의 질문들에 답을 써보길 바란다.

10분 생각 노트

1. 나만의 강점은 무엇인가?
2. 내가 남들과 다른 특별한 점은 무엇인가?
3. 내가 가장 자신감을 느끼는 영역은 어디인가?
4. 내가 제공할 수 있는 고유한 가치는 무엇인가?
5. 나는 남들에게 어떤 가치를 제공할 수 있을까?
6. 내가 가진 전문성이나 지식을 통해 사람들의 어떤 문제를 해결할 수 있을까?

1.2 자기 객관화: 나를 객관적으로 바라보는 법

> "우리는 자주 자기 자신을 객관적으로
> 바라보는 법을 잊는다."
> - 알랭 드 보통

    알랭 드 보통은 유명한 영국 철학자이면서 작가이다. 그는 "우리는 자주 자기 자신을 객관적으로 바라보는 법을 잊는다"라는 말을 하면서 자기반성과 객관적인 시각이 중요하다고 강조했다. 그리고 일반 사람들이 감정적인 편향으로 자신을 바라보는 경우가 많다고 경고했다. 문제 해결과 관련해서 상황을 회피하거나 '나는 괜찮을 거야'라는 막연한 생각들이 문제가 된다. 객관적인 시각을 잃지 않고 자신을 정확하게 바라보는 것은 더 나은 삶을 위한 열쇠가 된다.

감정적 편향이 생기는 이유

자기 객관적으로 바라보고 평가하는 것은 쉽지 않은 일이다. 오죽 그게 어려우면 철학가 소크라테스가 "너 자신을 알라"라고 했을까? 2천 년이 넘는 시간이 지나도 자신을 잘 아는 사람은 많지 않다. 자신을 잘 안다는 게 어려운 건 객관화된 합리적 사고보다는 감정적 반응을 하면서 자기 모습을 왜곡하기 때문이다.

'회피 학습'이라고 들어본 적이 있는가? 불쾌한 경험을 피하려고 하는 감정적 반응들은 올바른 의사 결정을 못 하게 유도하는데 이는 비합리적인 의사 결정을 초래할 수 있다. 문제를 해결하려고 하지 않고 옳지 않은 방법으로 상황을 회피하려고 하는 것은 인간의 본성이다. 자기합리화하면서 해결할 수 없는 타당한 이유를 찾으려고 한다.

지금, 이 글을 읽고 있는 여러분은 어떠한 문제상황이 야기되었을 때 그것을 적극적으로 해결하려고 노력하는가, 아니면 회피하고 피하려고 하는가?

우선 직면한 문제를 해결해야 다음 단계로 나아갈 수 있다. 예를 들어 시험 준비하다가 실패했다면 흔히 '난 시험에 실패했어' '인생 망했네' '나는 다른 사람에 비해 운이 없는 사람이야' '다시는 이거 안 해!'라는 생각을 하게 된다.

복잡스럽고 침울한 감정적 흐름에 매몰되어 헤어 나오지 못한 경험은 누구나 있을 것이다. 오르락내리락하는 감정선에 삶을 맡기며 흔들리지 않고 자신을 객관화할 수 있는 사고의 훈련들이 필요하다.

주어진 상황을 회피하지 않고 다음 단계로 나아갈 방법을 강구하고 담대하게 나아가야 한다. 회피하면 할수록 답을 잃게 된다.

감정적이지 않게 사고를 단순화하자. 이렇게 말해보면 어떨까?

"시험에서 떨어졌어? 오케이! 다시 도전하든지 다른 길을 찾아보자!"

감정적 편향이 생기는 주요 원인 중 하나는 자기 보호본능에서 시작되기도 한다. 자존감과 불안, 스트레스를 피해 현실과 문제를 정확하게 진단하지 못하고 왜곡하는 경우가 많다. 실수나 문제를 상황이나 다른 사람의 탓으로 돌리고 자아를 보호하려고 하는 감정들이다.

좋은 대학에 못 간 이유에 대해 생각할 때 부모님의 정서적, 경제적 지원의 부족이라던가 자신이 처한 상황 탓을 더 많이 하지 않는가? 환경적인 상황은 자력으로 피하기 어렵다. 어떤 상황든 극복할 수 있는 건 바로 자신이다.

문제는 환경이 아니라 내 안에 있다

내가 잘되지 못한 이유를 다른 곳에서 찾지 말자. 하지만 보통 문제를 자기 안에서 찾지 않고 외부 환경이나 상황 탓을 한다. 예를 들어 보자. 때때로 우린 남 탓으로 책임을 회피하는데, 가장 탓하기 좋은 것이 가족이었던 것 같다. 다른 집과 비교하며 성공하지 못한 이유로 부모님께 책임을 돌리곤 한다.

'긍정적인 동기 부여나 경제적인 지원을 따로 해주지 않아서'라며, 자신의 부족한 모습은 들여다보지 못하고, 남 탓, 환경 탓, 상황 탓, 부모님 탓까지 크게 생각한다. 타인을 탓하면서까지 나를 온전히 지켜내려는 것은 잘못된 생각이다. 나는 지킬 수 있을지 모르지만 결국 잃는 것만 생길 뿐이다. 옳지 않은 생각으로 변화 없이 소중한 시간만 낭비할 게 자명한 사실이다.

지금보다 상위 대학에 다니고 싶은 학력 콤플렉스가 있다고 고백한다면, 다른 방법으로 바꿔나갈 수 있다. 대학원을 가거나, 편입학하거나, 아니면 잘하는 분야를 찾아내 그 분야 전문가로 거듭나면 된다.

우리는 전문성이 특별하다면 능력으로 인정받을 수 있는 시대에 살고 있다. 졸업장으로 그 사람을 평가하던 시대는 지났다. 그래도 끝까지 해결이 안 되면 다시 수능을 보면 된다. 물론 자신의 상황이나 환경들을 다양하게 고려하고 선택해야 한다.

회사가 문제라면 원하는 회사나 기업에 맞는 조건을 만들면서 기다리자. 이직하고 싶은 곳에서 원하는 스펙을 하나씩 쌓아가면서 때를 기다리자. 기회가 왔을 때 바로 잡을 수 있게 준비가 되어 있어야 한다. 아무것도 하지 않으면서 문제가 해결되길 바라지는 않는가? '나중에 어떻게 되겠지…'라는 마음이 여러분에게 있지는 않은가?

결국은 내가 움직여야 일이 완성되는데 환경이나 남 탓하면서 시간을 낭비하지 말자. 내 인생의 구원자는 오직 나 자신뿐이라는 사실을 기억하자. 넘어지면 스스로 일어나야 한다. 일으켜 세워 줄 사람을 기다리며 물러앉아 인생에 소중한 시간이 흘러가게 두진 말자.

남 탓하며 자신에게 고통스러운 시간을 선물했다면 내가 어떤 사람인지에 대한 개념을 바르게 세우고 부족한 부분을 채우면 된다. 장점이 있다면 그 부분을 더 강화해 보는 것도 전략이 될 수 있다. 내가 가진 이미지를 대단한 사람으로 단번에 바꿔보자는 큰 결단보다 조금씩이라도 꾸준히 성장하는 사람으로 프레임을 바꿔야 할 것이다. 성장과 성공은 다른 사람만의 전유물 같지만, 어제의 내 모습보다 아주 조금이라도 긍정적으로 성장했다면 여러분은 성공에 한 발짝 가까워진 것이다. 이 책을 다 읽을 때쯤 여러분은 자신을 더 성숙하게 만들어 나갈 준비가 될 것이라 자부한다. 다음 장의 SWOT 분석에서 더 밀도 있게 접근해 보도록 하겠다.

리프레임 전략

　마케팅 용어 중 '리프레임 전략'이 있다. 제품이나 서비스와 관련해서 소비자에게 긍정적인 시각을 제공하거나 문제 해결에 대안을 새롭게(전혀 다르게) 제시함으로써 이미지를 새롭게 정의하고 적극적으로 구매를 유도하는 전략이다. 기존의 프레임을 깨고 재설정하는 과정을 리프레이밍이라고 한다. 어느 정도 자신을 스스로 객관화했다면 새로운 나의 모습으로 거듭날 기회를 리프레임 해보길 바란다.

10분 생각 노트

• 자신에게 던지는 메타인지 질문들

1. 내가 지금 자주 하는 생각은 무엇인가?

2. 왜 나는 지금 이런 방식으로 생각하고 있을까?
    (긍정적, 부정적, 계획적, 미래지향적, 과거 중심적 등)

3. 내가 가진 결정을 어떻게 설명할 수 있을까?
    (배경, 이유, 고려한 요소 등)

4. 내가 느끼는 감정은 무엇이 나를 이렇게 만들었을까?

5. 이 문제를 다른 사람이라면 어떻게 생각할까?

6. 내가 느끼는 걱정과 불안은 현실적인가, 아니면 과도한 상상인가?

7. 나는 지금 어떤 감정적 반응을 보이고 있는가, 그것은 합리적인가?

8. 나는 내게 처한 문제를 회피하려고 하는가?

9. 나는 문제가 생겼을 때 해결 방법을 찾으려고 하는가? (경험 써보기)

10. 나를 어떤 이미지의 사람으로 브랜딩하고 싶은가?

1.3 SWOT 분석으로 나의 강점과 약점 찾기

"우리는 우리의 선택과 환경 속에서 만들어진다."

- 장 폴 사르트르

삶에 있어 인간은 자유의지를 가지고 있어서 자신의 의사 결정이 그리고 주변 환경 속에서 자연스럽게 자신의 인생을 만들어가고 만들어진다고 볼 수 있다. 그만큼 자기 객관화하는 훈련도 중요하지만, 주변 환경이나 사람이 주는 영향력도 무시할 수 없는 부분이다. 좋은 것은 흡수하고 좋지 않은 것은 구분해낼 능력을 만들면 된다.

SWOT 분석 적용하기

SWOT 분석이란 무엇일까? 마케팅에서 가장 기본이 되는 분석 과정이다. 기업이나 개인의 프로젝트 전략을 세울 때 활용하는 도구로 강점(Strengths), 약점(Weaknesses), 기회(Opportunities), 위협(Threats)의 4가지 요소를 분석한다.

　기업에서 내부 환경과 외부 상황에 맞게 자세하게 분석하지 않으면 옳은 전략을 세울 수 없듯 외부에서 벌어지고 있는 상황적, 시기적 기회나 위협에 대해 꼭 점검해 봐야 한다. 지금까지 자기인지, 인식에 대해 강조했다면, 이젠 나 그리고 나의 환경을 분석해서 더 나은 성장을 끌어낼 수 있다.

　내부 환경에서는 (나의) 강점과 약점을 찾아낸다. 그리고 외부 환경에서는 (나에게 주어진) 기회와 위협을 찾는다. 여기서 관건은 찾지만 말고 교차시켜서 전략까지 뽑아내는 것이다. 이것이 바로 기업이 하는 교차 SWOT 분석이다. 교차 SWOT 분석을 할 수 있도록 표로 제시했으니 심사숙고해서 써보길 바란다. '10분 생각 노트'에서 여러분이 생각해서 적을 수 있는 부분을 만들어 놓았다.

　먼저 강점, 약점, 기회, 위협에 대해 생각해 보고 기록한다. 그다음 이를 교차 분석해 보며 전략을 세울 수 있다.

	기회(O)	위협(T)
강점(S)	SO 전략: 강점과 기회를 결합한 전략	ST 전략: 강점과 위협을 결합한 전략
약점(W)	WO 전략: 약점과 기회를 결합한 전략	WT 전략: 약점과 위협을 결합한 전략

수강하던 학생이 직접 과제로 써낸 SWOT 분석 예시를 통해 좀 더 쉽게 접근해 보도록 하겠다.

나이: 27세

Strengths(S): 다양한 분야의 새로운 것을 배우는 데 적극적이다. 예의 바르고, 남녀노소 잘 지낼 수 있는 관계 능력이 뛰어나다.

Weaknesses(W): 많이 아는 것에 비해 지식의 깊이가 얕다. 전문성으로 말하기는 아쉽고, 쉽게 싫증을 낸다.

Opportunities(O): 의지만 있다면 저렴한 비용으로 전문성을 기를 수 있는 다양한 플랫폼이 존재한다. (숨고, 유튜브, CLASS101 등)

Threats(T): 일반 휴학과 군 복무 특이성으로 27세인데 3학년이므로 다른 사람들에 비해 시간적으로 뒤처져 있다.

	기회(O)	위협(T)
강점(S)	폭넓은 지식과 학구열을 가진 것을 활용하여 온라인 플랫폼의 강의를 듣고 전문성을 강화한다. 기업에서 원하는 T자형(깊은 전문성과 지식) 인재가 되도록 준비할 수 있다.	다른 학생보다 졸업이 늦을 수 있지만 창업해 봤던 경험이나 다방면에 걸친 지식의 전문성을 강화하여 실무 능력을 길러본다.

약점(W)	새로운 것을 배우는 데 흥미는 있지만 꾸준함이 부족해서 장기 또는 단기 목표를 설정하고 작은 성취라도 꾸준히 동기를 얻을 수 있게 환경을 설정한다.	약점과 위협을 전략적으로 이겨내기 위해 주말 프로젝트를 운영해 보겠다. 주말 시간을 허투루 보내지 않고 직접 전문성과 성실함을 향상시킬 수 있을 만한 시간활용과 목표를 정해서 실행한다.

∨∨

10 분 생각
—— 노트

• 나만의 강점, 약점, 기회, 위협 생각해 보기

Strengths(S):

Weaknesses(W):

Opportunities(O):

Threats(T):

	기회(O)	위협(T)
강점(S)		
약점(W)		

1.4 경험과 성취로 나만의 스토리 만들기

"인생에서 중요한 것은 경험과 그것을 얻는 깨달음이다."
- 프리드리히 니체

다양한 경험, 즉 고난과 역경이 있을지라도 결국 성취해 가는 과정들은 중요한 성장의 기회이다. 고객에게 브랜드 이미지가 중요하듯 이미지가 잘 형성되어 있다면 그 브랜드를 굳이 설명할 이유가 없다. 브랜드 네임 자체에 모든 정보가 포함되어 있고, 바로 머릿속에 꽂히는 긍정적 브랜드 이미지는 신뢰감으로 인식되는 경우가 많다.

이제 개인도 브랜드화할 수 있는 시대가 도래했다. 나만의 스토리가 있고 다양한 경험을 빌드업한다면, 남들과 다른 차별점이 생기게 되고 내가 가지고 있는 장점을 어필하여 포지셔닝하기도 좋다.

스타벅스와 나이키의 작은 시작

브랜드를 보면 차별화되고 포지셔닝 또한 잘된 곳이 많이 있다. 스타벅스는 누구나 좋아하는 프리미엄 커피 브랜드이다. 전 세계 어떤 매장을 들러도 같은 맛과 분위기를 즐긴다는 장점과 명확한 콘셉트가 있다. 분명한 브랜드만의 색깔, 이미지, 스토리를 충분히 가지고 있는 것이다. 음료 판매로만 그치는 것이 아니라 브랜드 로고의 인기를 다양한 제품들에 입혀 추가적인 판매 수익도 올리고 있다.

나이키는 어떤가? 'JUST DO IT'을 외치며 단순히 스포츠 브랜드의 이미지를 떠나 성공적인 도전이나 극복, 목표 달성 등의 이미지가 있다. 모델을 선정할 때도 최고의 스포츠 선수들을 고용함으로써 최고의 운동선수들이 선택한 브랜드라는 이미지도 강하다. 미국의 농구 전설 마이클 조던이나 골프 선수 타이거 우즈는 나이키 모델로도 유명하다. 최고의 선수들이 입고 상용하는 브랜드라는 이미지는 운동선수뿐만 아니라 일반인들의 잠재력을 최대한 발휘할 수 있게 유도해 준다. 이런 긍정적 이미지를 가지고 나이키는 전 세계적으로 유명한 브랜드로 자리매김할 수 있었다.

스타벅스와 나이키가 처음부터 많은 수익을 벌어들이는 유명 회사는 아니었다.

스타벅스는 하워드 슐츠 회장을 만나기 전까지 시애틀의 작고 작은 동네 커피숍에서 시작되었다. 지금도 스타벅스 1호점은 관광객들로 붐비는 시애틀의 핫 플레이스다. 커피 브랜드로 전 세계를 제패한 스타벅스가 시작된 기념비적인 공간에 방문하려는 사람들이 많이 있다. 세계에서 가장 유명한 커피 브랜드가 작고 아늑한 작은 커피가게에서 시작된 것이 놀랍기도 하다.

나이키는 처음엔 신발 만드는 기술조차 없어 일본의 신발(현재의 아식스) 회사에서 신발을 수입해 판매하는 수입업체로 시작했다. 작게 시작해서 회사를 점점 키워나갔다. 그 후 많은 시행착오와 우여곡절 끝에 유명 브랜드로 성장한 것이다.

그 회사만이 가지고 있는 고유한 스토리와 성장 경험들은 소비자에게 긍정적인 영향을 줄 수 있다. 개인으로 봤을 때도 마찬가지다. 이런 기업들처럼 나만이 겪어 온 다양한 스토리들은 나의 가치를 올려줄 수 있다.

애플과 마이크로소프트의 처음은 작은 차고였다. 성공은 완성된 것이 아니라 나만의 스토리로 만들어가는 여정 속에서 맞닥뜨리게 되는 행운 같은 것이다.

자기 계발의 아이콘, 자청

학생들에게 자기 계발서로 단연 추천하는 책이 자청의 《역행자》이다. 2022년 5월 출간 이후 베스트셀러 순위에서 꾸준히 상위권을 유지하고 있다. 그는 처음부터 성공 가도를 달린 사람이 아니라 전적으로 개인의 노력으로 성공한 유명인이다. 이젠 이름만 들어도 알만한 자기 계발서의 '신'급인 작가가 되었다.

자청은 어릴 때 사회성도 없고, 외모도 성격도 집안도 아무것도 내세울 것이 없는 사람이었다. 20대 초반 영화관에서 첫 아르바이트를 하게 되었는데 워낙 수줍음이 많고 사회성이 떨어지다 보니 사람들과 친해지기 어려웠다. 친구가 없다 보니 게임을 중독적으로 했는데 이기는 게임을 하고 싶어 고민하다가 게임에도 공략집이 있다는 걸 알게 된다. 그리곤 게임의 공략집처럼 대화나 관계에도 속성으로 배울 수 있는 전략이 있다고 생각했다. 그는 문제를 회피하려고 하지 않고 해결책을 찾아내려고 했다. 그 답을 책을 읽으며 빠르게 찾아 나갔다. 그 후 관련 책들을 읽기 시작했다. 그는 200권의 책을 쉴 틈 없이 읽었고, 실험하듯 영화관에 가서 사람들을 만났을 때 적용해 보았다고 한다.

책에서 읽고 배운 대로 실행에 옮겼더니 반응이 오기 시작한 것이다. 평범해 보이지만 자신만의 경험을 쌓아 자신만의 스토리로 성공하게 되었다. 책을 읽으며 그는 사람의 심리에 대해 밀도 있게 탐구해 보는데, 그것을 계기로 연애 상담 서비스인 '아트라상'으로 사업을 시작하고 마케팅 컨설팅 기업 '이상한 마케팅'을 창업하여 브랜드 마케팅 분야에서도 영향력을 키웠다.

그의 성공 비결은 사람의 마음을 깊이 이해하는 마케팅 전략과

귀와 가슴에 탁 박히는 스토리텔링 능력에서 시작된다. 그는 독서와 글쓰기를 강조하며 자신만이 가진 콘텐츠로 공감을 형성하고 효율적으로 사업을 확장해 나가고 있다.

내가 알고 있는 퍼스널 브랜딩이 잘 된 유명인 중 한 명이 자청이다. 그의 브랜드 이미지는 '성공한 자수성가 청년'이다. 지금도 독자들, 사업적 지원이 필요한 사람들에게 자신만의 전략을 소개하면서 함께 성장하고 있다. 그는 누구보다 독서와 글쓰기에 대해 강조하는데, 심리학과 뇌과학 분야를 강조해서 근본적인 문제해결과 동기부여를 도와준다.

스타벅스와 나이키도 작디작은 회사에서 시작했지만, 지금은 다국적 기업이 되었고, 자청 또한 집에서 게임만 하던 평범한 대학생에서 이름만 대면 아는 베스트셀러 작가, 사업가가 되었다. 여러분의 시작도 작으면 작을수록 좋다(부정적 감정을 내려놓자. 작은 시작도 스토리텔링의 차별화된 요소가 된다). 시작과 성공으로 가는 극적인 성공 사례가 될 수 있다. 지금, 이 순간 역전의 드라마를 쓸 수 있는 시작점에 있다는 걸 두려워하지 말자. 여러분도 충분히 할 수 있다.

차별화된 나만의 스토리

나만의 경험과 성취들이 나만의 스토리가 되는 시대이다. 인플루언서는 다양한 부분에서 본인들이 가진 경험과 차별화된 전문성을 스토리로 나눈다. 카테고리는 뷰티, 요리, 비즈니스. 자기 계발, 교육, 멘토링, 패션 등으로 나뉘어 있는데 성공한 인플루언서는 자기만의 특별한 스토리가 있다.

징가(zinga)는 뷰티, 다이어트 인플루언서다. 그녀는 키 173cm에 85kg에서 30kg이나 감량했다. 힘들게 다이어트에 성공하고 다양한 운동을 하면서 유지하는 과정을 매일 팔로워들과 공유한다. 다이어트와 유지가 얼마나 힘든지 누구나 공감하지만, 그녀만의 스타일 라이프 루틴은 많은 팔로워가 좋아하는 콘텐츠가 되었다. 체중을 30kg 감량하기까지 아무나 할 수 없는 일을 이뤄냈다는 점에서 그녀의 스토리는 알고 싶어지는 특별함이 있다. 처음부터 "나는 원래 잘하고, 좋았고, 좋았고? 좋았다! 그래서 행복하다"로 끝난다면 차별화된 스토리가 아니다. 시작은 미약했지만, 그 시작으로 다른 삶을 만들어 낼 수 있는 계기가 되어야 한다. 뭐라도 시작하자. 여러분들이 고군분투하고 있는 극복의 역사는 다른 사람이 갖고 싶어 하는 특별한 차별점이 될 수 있다. 집에 가만히 앉아 있으면 나만의 스토리가 만들어질 수 없다. 뭐라도 하자!

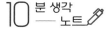
분 생각 ─── **노트** ✏️

• 나만의 스토리를 만들 수 있는 간단한 질문

1. 내가 가장 기억에 남는 순간은 언제였고, 그때 나는 어떤 감정을 느꼈는가?

2. 내가 겪었던 큰 도전은 무엇이었고, 그것을 어떻게 극복했는가?

3. 지금의 나는 어떤 사람이며, 나의 가장 중요한 목표는 무엇인가?

4. 내가 이루고 싶은 꿈은 무엇이고, 나는 그것을 위해 어떤 노력을 하고 있는가?

5. 미래의 나는 어떤 사람으로 성장하고 싶은가?

1.5 실패에서 얻는 교훈, 강점으로 전환하기

"실패는 단지 더 똑똑하게
다시 시작할 기회일 뿐이다."
- 헨리 포드

실패가 없는 인생은 성공도 없다

어릴 때부터 겪어왔던 실패를 생각하면 가슴이 녹아내리는 것 같은 압박과 자기 비하의 연속이었던 것 같다. 남과 비교할수록 점점 작아지는 내 모습. 해결할 방법을 모른 채 속수무책 방황했던 시간이 많았다. 학교에서 치르는 중간, 기말고사부터 대입, 취업, 결혼, 육아 모든 인생의 숙제들 안에 크고 작은 실패를 경험했고, 원하든 원하지 않았든 그 고통과 극복한 경험을 통해 지경이 넓어지고 지혜로워지는 것은 사실이다.

솔직히 내 마음대로, 내 의지대로 살아가는 술술 풀리는 삶이라면 교만밖에 남지 않는 것이 인생이다. 인정하고 싶지 않지만, 실패는 필요하고, 삶과 떼려야 뗄 수 없는 존재이다. 모두 실패를 두려

위하지만, 거부할 수 없는 인생의 동반자가 '실패'이다. 그냥 함께 가는 거다. 그렇게 받아들이면 어렵지 않다.

누구나 실패를 안 좋은 것으로 생각하지만, 역으로 나를 더 크고 넓게 만들어 준다고 생각해 보자. 실패 과정에서 우리는 다른 문제 해결 방법을 배우거나 새로운 해결책을 찾기도 한다. 위기 상황일 때 극복하고 치고 올라갈 수 있는 전환점을 만나게 된다. 넘어졌다가 스스로 일어난 사람은 다시 넘어지는 게 두렵지 않다. 쉽고 빠르게 일어날 방법을 배웠으니까.

기업에서도 다양한 실패 경험을 계기로 성공으로 거듭난 사례가 많다.

승승장구만 하던 사람이나 기업은 작은 실패에도 갑작스러운 문제를 해결할 수 있는 능력이 없다. 상처를 내야 단단해지는 근육처럼 실패 과정 없이 이루어진 성공은 없다. 겪어내고 살아내야만 하는 문제를 무기력하게 바라보고 있지 않은지 생각해 보아야 한다. 쉽게 얻은 성공만 보며 살아낼 수는 없다. 실패했기 때문에 성공하는 방법들을 더 면밀히 찾아보고 다양한 방법으로 접근하는 나만의 전략을 세울 수 있다. 인생은 성공과 실패만 있는 것이 아니라 성공과 성공으로 가는 과정만 있다고 한다. 그 과정을 겪어내야만 문제 해결 능력을 키울 수 있다.

우리는 문제상황에서 탈출할 문이 하나밖에 없다고 생각하며 좌절한다. 하지만 생각보다 많은 문들을 보지 못하고 지나치는 경우가 많다. 실패했을 때 '아! 꼭 이 문만이 정답은 아니었구나' 하고 새로운 방법으로 나아갈 문을 보는 힘이 생긴다. 보이지 않던 문이 보이는 순간은 실패를 딛고 해결점을 찾고자 강구할 때이다.

정형화된 사고를 깨는 경험을 많이 하길 바란다.

켈리 최의 실패와 성공

켈리델리 회장으로 유명한 켈리 최는 《파리에서 도시락을 파는 여자》라는 책을 시작으로 한국에 알려졌고, 현재는 사업을 하며 자기만의 노하우를 많은 이들에게 전하고 싶어 자기 계발 강사로 활발하게 활동하고 있다. 그녀는 유튜브 채널이나 책에서 실패에 대한 관점을 명확하게 이야기한다. "실패하지 않는 것이 가장 큰 실패다. 차곡차곡 쌓이지 않는 성공은 반드시 무너진다." 실패가 두려워서 해야 할 일들을 미루고, 불편한 감정이 싫어 회피하고 마는 감정의 편향 속에 살고 있지는 않은가?

대부분 사람은 '프랑스까지 가서 저 큰 사업에 성공하다니. 저 사람은 부모 잘 만나서 부자가 됐을 거야. 금수저일 거야. 머리가 엄청 좋겠지? 편하게 살다가 우연하게 얻은 성공 아니겠어?'라고 생각할 것이다.

켈리 최 회장은 너무 가난해서 고등학교도 보내줄 수 없는 집에서 태어났다. 그 부분을 읽으면서 정말 놀랐다. 프랑스에서 도시락 사업을 시작하기 전, 사업 실패로 10억이 넘는 빚을 지고 극단적 생각을 할 정도로 힘든 시간을 보냈던 켈리 최. 하지만 왜 자기가 실패자가 됐는지 계속 곱씹고 해결할 방법을 끊임없이 찾았다. 한국 사람으로서 가진 부지런함과 정체성을 잊지 않았고, 스스로 해결할 수 없는 문제라면 가만히 있지 않고 도와줄 사람을 찾았다. 쉽게 포기하지 않고 찾아가는 열정으로 사람의 마음을 살 수 있었다.

그녀는 도시락 명인을 찾아 삼고초려 끝에 일본의 초밥 대가를 만나게 된다. 노력하는 자를 도와주지 않을 사람은 없다. 이런 경험을 바탕으로 전략적인 사업을 진행하여 큰 성공을 이루었고(2020년 매출액 4,000억 원), 지금은 한국 젊은이들을 위한 성공 롤 모델로 활동하고 있다.

하는 일마다 성공 가도를 달렸다면, 누가 그녀의 이야기를 가치 있게 들어 줄까? "내 생각대로 했더니 다 성공이었다"라고 하는 사람에게 배울 것이 있을까? 자기만의 실패 과정이 있고, 그것을 딛고 일어난 시간을 통해 그 사람의 성공은 더욱 빛나게 된다. 문제를 해결할 수 있는 능력은 그 문제와 맞서 싸울 때 켜켜이 쌓이게 된다. 그냥 얻을 수 있는 것이 아니다. 실패를 바라보는 관점을 바꿔 보자.

배달의 민족 김봉진 대표

배달의 민족 김봉진 대표를 보면 배달의 민족이 어떻게 우리나라 대표 스타트업 사업으로 성공하게 되었는지, 실패 과정과 그것을 딛고 성공한 이야기들을 쉽게 알아볼 수 있다. 창업 초기 자본 부족, 치열한 시장 경쟁, 서비스 확장 과정에서 기술적인 문제와 고객 불만 등 여러 가지 어려움을 겪었지만, 김 대표는 이를 단순한 위기로 보지 않고 오히려 '성장과 성공을 위한 기회'로 받아들였다.

그는 언제나 '실패는 성공으로 가는 과정'이라는 신념을 갖고, 문제가 발생할 때마다 그 문제를 냉철하게 분석하고 해결책을 적극적으로 찾아내기 위해 노력했다.

김봉진 대표가 실패를 바라보는 시각은 결코 일반적이지 않았다. 보통의 사람들은 실패를 마주할 때 쉽게 좌절하거나 포기하는 경우가 많지만, 그는 이를 귀중한 배움의 기회로 삼았다. 실패가 자신과 사업 모두에 더욱 강력하고 단단한 토대를 만들어 준다고 믿었다. 이러한 태도 덕분에 김 대표는 실패를 극복하는 과정에서 개인적으로도 크게 성장했고, 사업적으로도 혁신적인 성공을 이룰 수 있었다.

모든 사람에게 실패는 반드시 찾아온다. 누구도 실패 없이 인생을 살아갈 수는 없다. 그러나 실패 자체보다 중요한 것은 실패를 바라보는 관점이다. 실패라는 우물에 빠져 그대로 머물러 있을 것인가, 아니면 왜 실패했는지 냉정하게 분석하고 더 나은 자신으로 살아가기 위해 한 걸음 더 나아갈 것인가? 결국 중요한 것은 실패 후 어떤 태도를 선택하는가에 달려 있다. 유연하게 사고하길 바란다. 그 선택은 지금, 이 순간 오직 여러분만이 할 수 있는 것이다.

나만의 이야기가 빠르게 성공으로 이어지지 않을 수도 있다. 하지만 그렇다고 해서 실망하거나 쉽게 좌절해서는 안 된다. 포기하지 않고 기다리며 인내할 수 있다면, 언젠가 여러분은 반드시 성장과 성공을 경험하게 될 것이다. 성공은 결코 쉽게 얻을 수 없기에 더욱더 귀하고 가치 있는 것이다. 여러분이 써 내려갈 멋지고 감동적인 성공 스토리를 기대해 본다.

10분 생각 ─── 노트 ✎

• 실패를 긍정으로 바꿀 수 있는 질문들

　(최근 실패했던 경험을 써보자.)

1. 이번 실패에서 내가 배운 가장 중요한 교훈은 무엇인가?

2. 이 경험이 나를 어떻게 성장시켰는가?

3. 다음에는 더 잘하기 위해 무엇을 바꿀 수 있을까?

4. 이 실패를 통해 얻은 경험을 다른 사람과 어떻게 공유할 수 있을까?

5. 이 실패가 결국 나에게 어떤 긍정적인 영향을 줄 수 있을까?

1.6 성공의 기준과 목표 그리고 피드백의 중요성

"목표가 없는 삶은 헤매는 삶이다."
- 아리스토텔레스

사람은 누구나 성공하고 싶어 한다. 하지만 방법을 모르기 때문에 다른 사람의 삶을 관찰하고 과정들을 따라 적용한다. 책을 읽거나 다양한 사람을 만나보는 것도 좋은 방법이다. 그 분야의 성공한 사람이 쓴 책이나 영상들, 동기 부여해주거나 시간을 효율적으로 관리하는 방법, 작은 습관이라도 지속적으로 이어 간다면 나에게 도움이 되는 것들을 만들어 갈 수 있다.

성공의 기준 잡기

우리는 성공이란 기준부터 명확하게 잡아야 한다. 과연 돈을 많이 버는 것이 성공일까?

단지 명예를 얻으면 성공이라고 지칭할 수 있을까?

성공은 사람마다 다르게 정의될 수 있다. 개인 삶의 경험, 가치관, 사회적 맥락에 따라 기준이 달라질 수 있는데 내가 어떤 성공을 원하는지가 삶의 중요한 키워드가 될 수 있다. 내 삶의 방향성을 잘 설정하고, 중요한 키워드를 잡고 가야 원하는 목표로 향할 수 있다. 물론 하나에만 필요 이상 집중하다 보면 다른 부분은 당연히 놓치게 된다. 밸런스를 잘 맞추기 위한 노력도 추가로 필요할 것이다. 나는 어떤 것을 진정한 성공이라고 생각하는지 한번 정해보자.

여러분은 경제적 성공을 중요하게 여기는가? 그곳에 이르기까지 어떤 노력을 해야 할지 기준을 잡아야 한다. 돈보다는 자아실현과 끊임없는 성장이 중요한 사람이라면 어떤 방법으로 그 성공을 이뤄낼 수 있을지 심사숙고해야 한다.

정체되는 것이 싫고, 더 나은 내가 되기 위해 노력하는 사람이 있다면, 이 책을 쓰고 있는 내 삶의 가치와 유사한 것 같다. 그래서 끊임없이 공부하고 박사학위를 딴 후 강의하고 있으니 지루할 틈 없이 공부하고 연구한 셈이다. 금방 싫증을 내는 성격인데, 공부는 결코 정복할 수 없는 영역이라서 늘 새롭다. 하지만 만약 지금처럼 노력하지 않는다면 퇴화할 것이다.

나는 자발적 성장을 위해 노력해야 한다는 건강한 긴장과 스트레스와 함께 살고 있다. 학생들에게 더 좋은 것을 줄 수 있는 사람이 되고 싶고 그것만으로 큰 감사와 가치를 느낀다. 끊임없이 성장하는 사람은 결국 자연스럽게 경제적 자유를 얻는다고 생각한다. 이렇게 책을 쓰고 강의하는 건 단순히 일해서 돈을 버는 것과는 다른 맥락이다.

학생들의 성장을 바라보고 격려해야 하는 관점으로 보면 이건 관계적 성공일 수도 있고, 사회적 영향력을 부여하는 성공일 수도 있다. 결국 성공으로 가는 길은 퍼스널 브랜딩이 답이 될 수 있다.

여러분이 자신을 세상에 드러내야 하는데, 스스로를 가만히 둘 것인가? 시리즈로 나오는 갤럭시 모델처럼 자발적인 자기 계발이 되고 단계별로 더 나은 나로 자연스럽게 만들어 가야 할 것이다. 최근 직접 강의를 들었던 유튜버 '코스모지나'를 소개해 본다.

성공하기 위한 성장 그리고 피드백

자기 계발을 주제로 32만 이상(2024년 말 기준)의 구독자를 보유한 코스모지나는 실제로 보니 외면적으로나 애티튜드나 정말 훌륭해서 깜짝 놀랐던 기억이 난다. 성공한 사람의 모습은 다르긴 달랐다. 코스모지나가 자기 계발 유튜버가 된 이유는 자기 계발을 통해 삶을 변화시킬 수 있다는 믿음을 가지고 있었기 때문이라고 한다.

그런 경험을 나누고, 긍정적 변화를 원하는 사람들에게 실용적인 정보를 제공하고 함께 성장하기 위해 노력하는 사람이었다. 그녀의 저서로는 《나도 멋지게 살고 싶다》《90일 챌린지》가 있다. 독자들에게 성장하는 삶을 적용하는 팁을 주기 위해 책을 쓴 듯하다.

《90일 챌린지》의 주요 내용은 90일 계획의 중요성에서 시작한다. 성공하기 위해 만들 수 있는 습관이 책으로 쓰인 것이다. 구체적인 시간 동안 목표를 설정하고 실천해서 일상적인 습관을 바꾸며 자기 계발 성과를 확인할 수 있다. 3개월이라는 기간을 설정함으로써 단기 목표를 달성할 수 있는 기간을 잡는다. 이런 동기 부여가 확실히 잡히면 습관 형성에도 효과적이라는 것을 강조한다.

또한 자기 계발을 위한 다섯 가지 핵심 영역을 이야기하는데 마인드 셋, 습관, 목표 설정, 시간 관리, 생산성을 제시하고 이를 실천할 수 있도록 돕는다. 이 책에는 마케팅에서 가장 많이 쓰는 단어가 나오는데. 그건 바로 피드백이다. 핵심 영역을 적용한 후 피드백과 반성의 시간을 갖는다는 것이다.

마케팅에서 다양한 사업을 진행하지만, 진행하고 나면 끝이 아니다. 더 나은 사업적 역량을 가지고 상황을 직관적으로 파악하기 위해 마케팅 전략으로 사용한 과업이 끝난 후 피드백 과정을 거치고 전략을 수정한다.

우리도 직접 적용해 본 성과들을 피드백하는 과정을 필수적으로 해봐야 한다. 단순히 오늘 하루를 잘 보냈는지 피드백해 보는 습관도 필요하다. 잘한 부분도 부족한 부분도 피드백 과정을 통해 능력을 우상향시킬 수 있다. 삶의 중요한 가치에 대한 목적과 방법에 대한 기준을 확실히 가지며 적용해 볼 수 있다. 작심삼일도 피드백 과정을 통해 작심 오 일, 작심 십 일로 늘려 나가는 게 가능할 것이다. 실패 원인과 부족한 과정을 생각하다 보면 더 나은 방향으로 나아갈 수 있게 된다.

매일 쌓이는 작은 노력의 잠재력

수많은 자기 계발서, 처세, 성공 카테고리 안에 있는 책들이 공통으로 하는 말이 있다.

성장의 과정들을 생각으로 멈추지 말고 기록하라는 기록의 중요성, 실행하고 삶에 적용해야 한다는 실행력의 중요성이다. 그리고 이 책들은 작은 습관의 힘과 마인드맵을 그려 상황을 세팅하는 과정 또한 필수적이라고 이야기한다.

목표나 이루고 싶은 것에 대해 두리뭉실하지 말고, 좀 더 구체적이고 정확하게 기록하는 게 중요하다. 매일 기록하고 명상하며, 시각화하고 확언해야 한다. 자기 계발서는 별반 차이가 없다. 여기 있는 말이 거의 다 반복적으로 쓰여 있다고 해도 과언이 아니다. 몰라서 못 하는 게 아니다. 모두가 다 알고 있지만, 실제 행동으로 옮길 수 있는 동기 부여를 받고자 하는 사람들은 자기 계발서를 읽는다.

여러분이 원하는 삶의 가치를 경제적, 사회적 성공으로 단순화하기보다 더 나은 사람이 되기 위한 작은 노력으로 채워가길 바란다. 내가 더 가치 있다고 생각하는 부분에 집중하자. 하나로 끝내지 말고, 두루두루 관심을 가지고 개발해 보자. 매일 작지만 쌓이고 있는 작은 노력의 잠재력은 끌려가는 삶이 아니라 이끄는 삶으로 안내할 것이다. 자아실현과 개인적 성장에 집중한다면 나머지 성공들은 자연스럽게 따라오지 않을까?

10분 생각 노트

다음 질문들에 답을 쓰다 보면 막연하던 가치와 목표들이 더욱 구체화 될 수 있을 것이다.

1. 내 삶에서 가장 중요한 가치는 무엇인가?
 - 내가 매일 추구하는 가치는 무엇인가?
 - 어떤 가치가 내 인생을 이끌어왔으며, 앞으로도 이 가치를 계속 지켜나가고 싶은가?
 - 내가 세운 목표는 나의 가치와 어떻게 연결되는가?

2. 내가 경험한 가장 큰 변화나 성장은 무엇인가?

 - 내 인생에서 가장 큰 전환점은 언제였고, 그때 무엇을 배웠는가?

 - 나는 어떻게 어려움을 극복했으며, 그 과정에서 무엇을 깨달았는가?

 - 그 변화가 내 삶에 어떤 긍정적인 영향을 미쳤고, 그것을 어떻게 책에 담을 수 있을까?

3. 나의 삶에서 가장 중요한 목표는 무엇인가?

 - 내 목표는 단기적인 것인가, 아니면 장기적인 것인가?

 - 목표를 이루기 위한 계획이나 전략은 무엇이었고, 그 과정에서 어떤 장애물을 마주했는가?

 - 내 목표가 달성될 때 나는 어떤 느낌일까?

1.7 내 삶의 중요한 키워드 알기

"내가 정말로 원하는 것이 무엇인지 알기 위해,
무엇이 나를 기쁘게 하는지 아는 것이 중요하다."
- 헨리 데이비드 소로

사람들이 살아가며 중요하다고 생각하는 인생의 가치에 대해 생각해 보기로 하자. 다양한 단어들을 제시해 보겠다. 막연히 알고 있었지만, 이 단어들이 가지고 있는 구체적인 뜻을 알아보고 그중 가장 중요하다고 생각하는 단어 그리고 특별히 잘할 수 있는 단어에 동그라미를 쳐 보자.

주요 키워드 행복! 행복은 단순히 기분 좋은 상태나 순간만을 의미하는 것이 아니라 삶에 대한 만족과 의미를 느끼게 해주는 상태를 말한다. 개인마다 행복의 기준이 다를 수 있지만, 보통 자아실현이나 인간관계에서 오는 다양한 만족감들을 행복으로 느끼게 된다. 목표 달성이나 성취에서도 긍정적인 감정을 느끼는데 이도 행복이라고 지칭할 수 있겠다.

사실 인간은 행복한 감정을 느끼기 위해 살아가기 때문에 다음에 중요한 키워드라고 말하는 모든 것들이 완성되었을 때 행복함이 완성된다. 행복은 주요 키워드가 아니라 이런 중요 단어들의 종합 비타민 같은 집결체라고 해도 과언이 아니다.

　행복에 대해서는 관점의 변화가 필요한데, 행복은 타인이 만들어 주는 것이 아니다. 내가 나에 대해 잘 파악하고 어떤 행동과 상황일 때 행복을 느끼는지 연구해 봐야 한다. 행복을 제외한 삶의 주요 키워드에 대해 탐색해 보고 더 발전시키는 방법 또한 함께 고민해 보자.

　성장 목표는 방향성을 가지고 자기 계발하는 과정들로 자존감, 성취감과 관련이 있다. 자기 능력, 지식, 태도, 삶의 질을 향상하기 위한 구체적이고 의도적인 목표로 설명할 수 있다. 성장 목표는 개인마다 다르게 설정할 수 있다.

　나 또한 자기 계발서를 100여 권 읽으면서 성장에 대해 많은 시행착오와 성취를 겪었다. 이러한 경험을 통해 주변 사람들이나 학생들도 성장 목표를 가지고 생활할 수 있도록 권면하고 있다. 목표나 목적을 정확하게 세우지 않는 과정은 효율적이지 않으며 실패할 확률도 높다. 사실 이 책을 쓰는 이유도 대학생들이나 사회 초년생들이 사회에 나가기 전 다양한 방법으로 사고하고, 성장할 수 있는 계기를 마련해 주기 위해서다.

　성장 목표를 세울 때 중요한 점은 구체적이어야 하고, 측정 가능하며, 달성할 수 있어야 한다. 그리고 그 목표는 자신에게 중요한 의미(동기)가 되며, 시간제한을 두어 달성하는 것을 목적으로 해야 한다.

건강도 중요한 키워드 중 하나다. 건강의 개념은 육체적 건강만 말하는 것이 아니라 정신적 건강도 필요하고 이는 삶의 질에 중요한 요소이다. 나는 두 가지가 밸런스가 맞지 않았을 때 어떤 결과를 초래하는지 경험해 본 적이 있다. 몇 년 전 허리디스크로 2개월 동안 걷지 못했던 적이 있는데, 아프다 보니 정신적으로 너무 피폐해지고 우울감이 강하게 들었다.

신체가 건강해도 정신적 스트레스와 우울증으로 대인기피증이 생기거나 공황장애가 있는 사람도 요즘엔 많이 있다. 그러다 보면 바깥 활동량이 줄어들어 몸 건강에도 바로 적신호가 오게 되는 것이다.

육체와 정신은 유기적으로 연결되어 있어서 하나가 아프면 도미노처럼 같이 무너진다. 사실 살아가면서 양쪽 건강을 같이 잘 챙기는 게 관건이다. 젊을 때는 그나마 버티는데 여기저기 아프게 되는 40대가 넘어가면 삶의 질에 지대한 영향을 미치게 된다. 또한 주변 사람들과의 관계 안에서도 건강의 좋고 나쁨이 적잖은 영향을 준다. 그래서 관리는 필수다.

현대는 몸과 정신의 건강관리에 관한 지식과 정보가 넘쳐나는 시대이다. 잘 몰라서 관리하지 않는다는 건 핑계일 정도다. 가장 중요한 건 실행이다. 1분 스쾃이든, 10분 바깥 산책하기든 꾸준히 매일 하다 보면 건강 관련한 긍정적 에너지가 생길 뿐 아니라 더 건강해지는 방법들을 탐색하고 실행하게 만들어 줄 것이다.

소통은 삶에서 중요한 역할을 한다. 효과적인 소통은 서로 간의 이해를 돕고 관계의 질을 높여 준다. 그리고 갈등이나 문제상황에 직면했을 때 소통 능력이 높다면 해결점을 찾기도 쉽다. 사람들과의 관계나 공동체의 연합을 강화하는 데도 필수적인 부분이다. 개인화된 사회에서 소통 능력이 좋은 사람들은 특별한 장점을 가졌다고 생각하는데, 이들은 소통을 통해 협업이나 팀 분위기의 생산성을 높일 수 있다.

소통 능력을 향상하는 방법은 어렵지 않다. 우선 적극적으로 듣는 것이다. 상대방이 전달하려는 이야기를 정확하게 파악해야 다시 메시지를 보낼 때 오류가 생기는 일을 줄일 수 있다. 그리고 말과 언어적인 소통만 중요하게 보지 않고, 비언어적인 요소들 — 몸짓, 표정, 톤 등 — 도 참고해야 상대방의 감정을 잘 파악할 수 있고 이해할 수 있다.

자기 존중은 자신을 가치 있는 존재로 인식하는 것이다. 자존감이 높을수록 어려운 상황에서 긍정적인 태도를 유지하며 실패했을지라도 회복탄력성이 강하다. 넘어져도 일어나는 힘이 강해진다는 말이다. 이기적으로 자기를 사랑해 주는 것이 아니라 누구보다도 존중해 주고, 스스로 믿어주는 자세가 필요하다.

자신에게 친절해 보는 것은 어떨까? 다른 사람들이 실수했다고 지적을 한다고 해도, '너무 자책하지 마. 그럴 수 있어~ 다음부터는 주의하자'라고 다정하게 말하는 방법도 자기 존중에 효과적인 방법이 될 수 있다. 타인과의 비교는 지양하는 것이 좋다. SNS의 화려한 인플루언서의 삶이나 지인들의 행복한 모습과 자신을 비교하고 있지는 않은가? 그런 모습과 비교해 가며 마음 쓸 이유는 없다. 시간과 감정 낭비다. 마지막으로 자기 존중감을 향상하기 위해서는 자신에게 긍정적인 대화를 시도하는 것이다. 자책보다는 스스로 하는 격려가 자기 존중감에 긍정적 영향을 줄 것이라 믿는다.

도전은 새로운 가능성을 열어준다. 새로운 일에 도전할 때 성취감을 느끼고, 다양한 경험을 쌓는 기회도 얻을 수 있다. 이는 개인의 성장과 발전을 도모하는 데 필수적이다. 실패하는 것이 두려워 도전이나 새로운 시작을 꺼리는 사람들이 있는데, 작은 목표를 설정하고 이런 성공들이 쌓이면 더 큰 도전도 어렵지 않게 시작할 수 있다. 그래도 도전이 어렵지 않다면 영감을 주는 사람들의 책을 읽거나 교류하는 것을 추천한다. 한 번도 가보지 않은 길은 두렵지만 가본 사람이 길이라도 알려준다면, 조금은 시작의 벽을 낮출 수 있을 것이다.

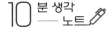
10 분 생각 — 노트

내 삶에 주요한 행복 키워드를 찾았는가?
생활에 적용하는 것이 더욱 중요하다.
(성장 목표, 건강, 소통, 자기 존중, 도전 등)
위에서 배운 단어들을 사용해서 답을 완성해 보자.
('○○했을 때'라고 답을 작성하면 좋겠다.)

1. 가장 중요한 가치는 무엇이라고 생각하는가?

2. 어떤 순간이 가장 행복한가?

3. 어떤 사람으로 기억되고 싶은가?

4. 어떤 일에 몰입할 때 시간이 가는 줄 모르나?

5. 성공은 무엇이라고 생각하는가?

1.8 브랜딩의 출발점; 나만의 이미지 정의

"자신의 강점을 알고 그것을 잘 활용하는
것이 가장 중요한 일이다."
- 피터 드러커

　나만의 긍정적인 키워드를 정했다면, 나만의 이미지로 확장해 볼수 있다. 나를 나타내주는 특별한 메시지는 어떻게 만드는 게 좋을까?

　기업의 브랜드 슬로건을 개인으로 만든다면 나만의 메시지(이미지)로 보일 수 있을 것이다. 기업들은 짧고 임팩트 있는 문구로 소비자에게 성향이나 이미지를 어필한다. 긍정적 이미지의 함축으로만들어서 슬로건만 들어도 그 이미지가 연상된다.

　우리는 다양한 사람과 상황 속에서 나만이 가진 메시지를 어필할 수 있다. 평범한 사람이길 바라는가, 아니면 나를 볼 때 사람들이 생각나는 '이미지 하나'가 있기를 바라는가? 나의 행동과 태도들이 반복적으로 노출되면 사람들에게 그런 이미지가 브랜드처럼만들어진다.

태도로 만들어지는 나만의 이미지

강의하다 한 학생에게 발표를 시켰다. 경영학과에서 공부하는데, 다양한 경험을 하고 싶어 일부러 SPA 브랜드에서 알바를 많이 했다고 한다. 공부도 열심히 하는 친구인데 독립적으로 일까지 꾸준히 해왔다고 말하는 순간, 이미지가 달라 보였다. 중간고사에서 감점 2점을 받은 적이 있는 학생이었다. 그는 감점과 관련해서 공손하게 질문하기도 했다.

"교수님 중간고사에서 제가 부족했던 부분이 무엇인지 알려주시면 더 디벨롭(발전시키기) 해서 기말고사 준비를 하고 싶어요."

자세히 피드백해 줬더니 기말고사는 누구보다 논리정연하게 시험을 잘 보았다. 성실하고 부지런한 학생이라는 이미지로 성이 '백'씨였는데 '백 가지 넘게 성실하게 노력하는' 이미지를 만들게 되었다.

또 한 학생은 첫 주 수업인 자기소개에서 작년에 과탑을 하고 올 A+를 받았다고 했다. 말뿐만이 아니라 태도나 과제, 발표에서도 완벽주의 성향이 드러났다. 한 번도 지각이나 결석이 없이 발표가 있는 날은 정장을 입고 와서 준비된 모습을 보여줬다. 발표할 때는 PPT 슬라이드를 출력해서 수업 전에 먼저 주고, 과제도 항상 가장 먼저 제출했다. 놀랍게도 완성도도 가장 높았다. 그 학생에게 '퍼포먼스 최고의 완벽주의자'라는 이미지가 생겼다.

노력하는 학생을 볼 때 도와주고 싶고 칭찬하고 싶은 건 모든 선생님에게 드는 마음일 것이다. 학기 말, 그에게 여러 가지 질문을 했는데, 이번 학기에 자신만의 퍼스널 브랜드 이미지를 만들고자 노력했다고 했다. 셀프 마케팅이나 퍼스널 브랜딩을 직접 체득하고 적용한 학생이다. 나도 빠르게 그 모습을 캐치하여 학생들에게 저런 태도가 얼마나 긍정적 이미지를 만들어 주는지에 대해 소리 높여 설명했던 기억이 난다.

대부분 학생이 수업 중 질문에도 대답을 잘 하지 않고 인사도 안 하는 요즘 시대에 이 두 사람의 긍정적인 이미지와 태도는 오랫동안 기억에 남는다. 기억에 남는 매력적인 이미지, 자기만이 가진 메시지를 만들어 내는 것에 소홀하지 않기를 바란다.

퍼스널 브랜딩과 브랜드 슬로건

퍼스널 브랜드 이미지가 잘 구축된 유명 인사로는 혁신과 미래지향적인 사업가인 테슬라의 일론 머스크, 애플의 스티브 잡스를 떠올릴 수 있다. 스티브 잡스는 안타깝게 암으로 일찍 세상을 떠났지만, 애플의 확실한 이미지, 간결하고 직관적인 디자인과 기술혁신, 미래지향적 제품들은 스티브 잡스에게서 나왔다고 해도 과언이 아니다. 일론 머스크는 테슬라와 스페이스X 같은 미래지향적 사업을 운영하며 우주 탐사, 전기차를 통해 '혁신의 아이콘'으로 잘 알려져 있다. 사고와 태도의 결합체가 반복적으로 드러났을 때 나만의 이미지는 누구에게나 쉽게 전달된다.

다음은 기업의 예시를 살펴보기로 한다. 기업은 고객에게 어떤 이미지를 주기 원하는지 그 목적과 전략, 함축적 의미를 지닌 슬로건에 집중해 보길 바란다. 나를 기억하게 할 한 문장! 기업들은 어떤 슬로건으로 어필했을까?

Apple: "Think Different"
남들과 다른 사고를 하는 애플의 이미지와 정확하게 맞아떨어지는 메시지다. 사람으로 바꾼다면 창의력 있고 혁신적인 브랜드 이미지로 만들어갈 수 있다.

Disney: "The Happiest Place on Earth"
디즈니는 디즈니랜드를 중심으로 한 경험과 감성적 가치를 강조했는데 이는 퍼스널 이미지로도 구축할 수 있다. 함께 있을 때 즐겁고 행복한 사람, 여러분의 이미지도 그렇게 만들어갈 수 있다.

H&M: "Fashion and Quality at the Best Price"
스타일리시한데 퀄리티도 좋고 가격까지 좋다는 이미지를 이 메시지로 다 표현하였다. 사람으로 바꿔 생각해 보면 가성비 있는 패션을 즐기는 패셔너블한 사람이라고 하면 좋겠다.

FedEx: "The World on Time"
정확하고 빠른 배송에 대한 신뢰감이 들 수 있는 메시지로 소비자에게 긍정적인 이미지로 다가간다. 사람에게 적용한다면 시간 약속 잘 지키고 준비된 사람이라고 이미지가 만들어질 것 같다.

여러분도 자신을 생각할 때 생각나는 긍정적인 단어들을 나열해 보자.

나의 이미지 만들기

두세 단어를 합쳐서 기업의 슬로건처럼 나만의 이미지와 메시지를 만들어 보자. 물론 하고 있는 일이나 하고 싶은 일에 대해 이미지를 더 추가해도 되지만, 사람들이 받아들이는 이미지는 생각보다 단순화되어 있다.

감정/태도	인간관계	성공/발전	안정/평화	기타
행복	우정	성공	안정	자유
기쁨	존경	성장	평화	자부심
사랑	협력	기회	평등	열망
감사	친절	진실	안락	확신
자신감	용서	창의성	소중함	영광
긍정	환영	도전	안심	기발함
용기	소통	진전	휴식	호기심
열정	신뢰	업그레이드	균형	공감
행운	유머	혁신	온화	책임감
따뜻함		발전		봉사
소망		자기 계발		행동
		영감		밝음
				체력

행복한 도전가

소통 잘 되는 전문가

열정 있는 자기 개발자

유머러스하면서도 신뢰감이 드는 사람

함께 있을 때 편안하고 공감해 주는 사람

이처럼 다양한 이미지를 만들어 낼 수 있다.

10분 생각 노트

1. 나를 나타내는 긍정적인 단어가 위에 있다면 조합해 보자.
2. 없다면 자신을 잘 나타내는 이미지를 만들어 보자.
3. 그렇게 보이기 위해 어떤 노력을 하고 있는지 생각해 보자.

02

내 경쟁자는 누구인가: 함께 뛰는 이들과 나의 위치 찾기

2.1 나와 비슷한 사람들은 누구인가?

"혼자서는 할 수 없지만 함께라면 할 수 있어."

- 헬렌 켈러

앞에서 자신이 어떤 사람인지, 강점과 약점을 구분해 보고 삶에 관한 진지한 고찰을 했다면 이번에는 미래를 준비하면서 나의 위치를 정확하게 파악하고, 경쟁자이면서 함께 뛰고 있는 이들을 통해 자신이 어떻게 사회에서 자리 잡을 수 있는지 심사숙고하는 시간을 가져보기로 한다.

Two brains are better than one

대학에서 강의하면서부터 이 책을 출간하고자 하는 마음을 갖게 됐다. 학생들은 학교생활과 취업 준비를 하면서 크고 작은 압박과 좌절을 느낀다. 자신감을 가지고 준비했다가도 결과에 따라 일희

일비하게 되고, 스트레스 또한 많다는 걸 알게 되었다. 사회에 나가기 위해 준비하는 동안 어떤 마음가짐과 전략을 가지는 게 좋을지 고민하다 쓰기 시작한 책이다.

전략이란 무슨 뜻일까? 전(戰, 싸울 전)략(略, 간략할 략), 싸움에 이기기 위한 계획이다. 일반적인 의미로는 목표를 달성하기 위한 효율적인 계획을 나타내기도 한다. 혼자서 하는 준비는 방향을 잘 잡지 못하고 난항을 겪게 될 수밖에 없다. 나와 같은 상황이거나 목표가 같은 사람과 함께 적극적으로 이 문제를 해결할 힘을 서로 주고받아야 한다. 서로의 지혜와 경험을 나누되 희망적이고 협조적으로 한다면 더할 나위 없이 좋은 에너지를 받을 수 있으며, 결과 또한 혼자 준비할 때보다 좋아질 수밖에 없다.

커뮤니티 활용과 멘토링 프로그램

취업 준비 카페나 온라인 커뮤니티에는 정보를 교환하거나 서로를 격려해 줄 수 있는 곳이 많이 있다. 외국어 공부나 공기업 스터디, 승무원 준비 등 비슷한 상황의 또래들을 만날 수 있다. 네이버 카페에 '취업'이라고 검색하면 취업 관련한 스펙업(취업, 대학생, 대외 활동), 공준모(공기업, 공공기관 채용), 간준모(간호사 채용 관련), 엔준모(엔터테인먼트 업체 취업과 공연 기획) 등 많은 커뮤니티가 있다. 또한 전현차 승무원(전직, 현직, 차기 승무원) 카페는 국내 항공사부터 외항사, 지상직 관련 정보를 나누고 있는 커뮤니티다. 하고 싶은 직업군이나 목표가 있다면 우선 이런 카페에서 부지런히 정보를 얻고, 커뮤니티 활동도 하는 것을 추천한다. 대학원 진학이나 창업을 꿈꾼다면 그것에 맞게 꾸려진 커뮤니티도 많이 존재하므로 잘 찾아보길 바란다.

기업에서 만든 서포터즈 활동이나 인턴십도 좋은 기회가 될 수 있다. 커뮤니티는 SNS 활동을 지속적으로 한다면, 관심 분야나 관심 있는 분야가 같은 그룹끼리 모이고 대화하게 된다. 링크드인 같은 애플리케이션도 적용해 볼만 하다. 링크드인은 취업준비생들에게 온라인 이력서 및 포트폴리오 역할을 하며, 이를 통해 업계 전문가들과 비공식적 네트워크 기회(커피챗)까지 끌어낼 수 있다.

국가적 사업으로 시청이나 구청 주관으로 하는 취업 멘토링 사업도 정기적으로 진행되고 있다. 특별한 부담 없이 참석할 수 있고 다국적 기업이나 대기업 현직 직무자 특강을 진행하거나 모의 면접 또는 소그룹별 멘토링을 해주기도 한다.

대학교에서도 학생들을 위한 취업 멘토링 시스템을 운영하는 곳이 많으니, 적극적으로 정보를 찾아 참여하기를 바란다. 대학의 취업 지원 센터에서는 졸업생과 재학생을 대상으로 네트워킹 기회도 마련해 준다. 멘토링 프로그램에 참여해서 같은 목표를 가지고 준비하는 동기나 동료를 만난다면 다양한 방법으로 공부나 취업 준비에 도움이 되는 시간도 갖고, 자기 위치도 체크해 보는 시간을 가졌으면 한다.

기버(Giver)가 되어 서로 돕기

함께 도와주며 격려해 줄 동료를 만났다면, 어떻게 관계를 지속하는 것이 좋을지에 대한 팁을 주고자 한다. 애덤 그랜트의 《기브 앤 테이크》에는 상호작용 스타일로 기버(Giver), 테이커(Taker), 매처(Matcher)에 대한 이야기가 나오는데 여러분이 이해하기 쉽게 설명해 보기로 한다.

테이커는 자신의 이익을 우선으로 하고, 타인에게 도움을 주기보다 다른 사람에게 얻는 이득만 추구하며 받는 것만 좋아하는, 한마디로 이기적인 사람을 말한다. 매처는 기브 앤 테이크의 균형을 맞추고 준 만큼 받고 받은 만큼 주려고 하는, 좋게 말하면 균형이 있고, 나쁘게 말하면 계산적이고 개인적인 사람이다. 기버는 도움을 아끼지 않고 나누는 사람이다. 좋게 말하면 선하고 이타적인 사람이고 나쁘게 말하자면 호구라고 할까?

무조건 퍼주기만 한다면 호구겠지만, 우린 지혜로운 기버로 살아야 한다. 상대방이 정말 필요한 것이 무엇인지 깊이 생각해 보고 적당한 선(line)에서 선(good)을 이루는 현명한 기버가 되어야 한다. 그냥 기버가 되면 안 된다. 실패하는 기버는 남을 도와주다 자신의 자원은 소진하고 손해 보는 사람이고, 성공하는 기버는 전략적으로 도움을 주며 그 과정을 자신도 함께 성장하는 기회로 여기는 사람이다. 기버로 살아보니 주변에 많은 기버들이 함께한다는 것을 알 수 있게 되었다.

여러분은 테이커나 매처로 살고 있는가? 그렇다면 비슷한 사람끼리 모이는 것이 우주의 섭리이다. 기버가 되어 보라. 나와 비슷한 결의 사람들이 내 옆에서 서로 돕기를 어려워하지 않는다. 함께 가는 사람들에게 서로의 기버와 은인이 되어 주길 바란다. 함께 성공할 수 있는 버팀목이 될 좋은 관계들을 구하면 놓치지 말자. 그리고 베풀기를 기뻐하는 기버는 반드시 받는다. 단, 소진되는 기버가 아닌 전략적인 기버가 되어야 한다.

동주공제(同舟共濟)는 '같은 배를 타고 함께 물을 건넌다'라는 뜻의 사자성어이다. 어려운 상황일 때 서로 협력해서 어려움을 극복한다는 의미로 긍정적인 협력을 강조한다. 비슷한 회사나 시험을 준비하면서 친구나 동기들이 경쟁자로만 바라보고, 굳이 협력해야 한다고 생각한다면?

혼자 준비하라!

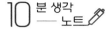

10분 생각 노트

1. 서로 도움을 주고받을 때 필요한 부분은 무엇일까?

2. 같은 목표를 가진 지인이 있는가?

3. 서로 같은 가치관을 공유할 수 있는가?

4. 의견을 조율할 때 명확하게 의사소통할 수 있는가?

5. 나는 어떤 도움을 줄 수 있고, 어떤 도움을 받고 싶은가?

나의 가치를 마케팅하라

2.2 나만의 차별화 포인트 찾기

"대체 불가능하기 위해서는 항상 달라야 한다."
- 코코 샤넬

마케팅에서는 경쟁자 분석이나 대체제에 대한 조사와 연구를 진행한다. 소비자들은 가격이나 기능 또는 브랜드 이미지에 따라 손쉽게 다른 제품을 구매할 수 있다. 경쟁자라고 하면, 같은 필드라고 생각하는데 전혀 그렇지 않다. 단순히 바로 앞만 보고 전략을 세우는 것을 마케팅 근시안이라고 할 수 있다. 그 예를 들어 보자. 롯데리아의 대체 가능한 경쟁사는 맥도널드일까?

이 브랜드를 대체할 수 있는 건 다이어트 식품 브랜드라는 연구 결과가 있다. 사람들은 다이어트 음식에 관심이 있으며, 패스트푸드 브랜드는 저칼로리 햄버거나 음료를 함께 구성해 판매하는 등 피나는 노력을 하고 있다.

이런 맥락으로 보면 나이키의 경쟁사로 닌텐도와 소니가 언급된 것도 이해할 수 있다. 닌텐도가 한창 유행했을 때, 사람들이 밖에 나가지 않고 실내에서 시간을 많이 보내 운동화가 닳지 않는다는 말이 있을 정도였다.

마케팅적 사고를 적용한다면 경쟁자에게 비교우위를 선점하는 것도 좋지만, 대체제의 공격에 당하지 않기 위해서는 대체 불가능한 사람이 되도록 노력하는 것이 중요하다고 할 수 있다.

대체 불가능한 나만의 차별화

그러기 위해서 자신만의 전문성은 필수이다. 한 예로 우리는 기안84를 예능인으로 생각하지만 그는 웹툰에서는 이미 이름이 널리 알려졌고, 만화 스토리를 시나리오화해서 영화까지 제작한 유명 작가다. 기본적으로 한 분야에서 전문성을 인정받고 다른 능력을 발휘하는 것은 대체 불가능한 요소가 된다. 경쟁자들보다 비교우위에 있는 게 중요하지만 단 하나의 전문성이 완벽하게 이미지화된다면 그것이 가장 좋은 차별화 방법이다.

트렌드를 읽고 과거에 인정받았던 전문성보다 미래를 만들어가는 전문성을 갖는 것도 도움이 된다. AI가 할 수 없는 분야라면 더 좋겠다. 이름이 불렸을 때 '○○ 분야는 저 사람 전문이야. 성실하고 능력 있어'라는 부분이 꼭 하나는 있어야 한다.

이것은 강의하는 교수들도 마찬가지다. 자기만의 차별점으로 연구 중심, 강의 중심으로 특화되어 있다. 겸임교수는 학교보다는 사회에서 쌓은 다양한 커리어로 대학 교육에 적합한 수업을 진행한다.

나만의 대체 불가능한 전문성을 드러낼 수 있는 이미지를 만들어보자.

AI와 함께 만드는 경쟁력

궁금한 점이 있다면 챗GPT를 활용한다. 필요한 내용을 넣으면 자동으로 PPT를 만들어 주는 프로그램도 있다. 감마 AI는 파워포인트 8~30장을 1~2분 안에 작성할 수 있다. 시간을 절약하는 단계가 아니라 삶을 변혁시켜 준다. 릴리스 AI는 유튜브 영상의 음성을 텍스트화해서 정리해 준다. 영상의 내용이 스치고 지나가는 것이 아니라 스크립트로 구성하고, 카테고리별로 정리해서 이해도를 높여 준다. 이들의 도움으로 짧은 시간에 많은 일을 해낼 수 있다. 퍼포먼스 또한 향상될 것이다.

상용화된 AI 프로그램은 셀 수 없이 많지만, 내가 주로 사용하는 프로그램 중심으로 소개해 보았다. 상황에 따라, 환경에 따라 사용해야 하는 AI 프로그램은 달라질 수 있다. 과거 혼자 수기로 일할 때와 컴퓨터를 사용할 때 일의 속도는 얼마나 빨라졌는가? AI가

이렇게 대중화돼서 삶에 영향을 준 것은 몇 년 되지 않은 일이다. 대표적 AI 챗GPT가 2022년 말 출시되었으니, 고작 2년 만에 갑작스러운 삶의 변화가 일어난 것이다.

차별화를 위한 현실적 조언

똑똑한 비서 여러 명을 고용해도 AI처럼 일을 잘 처리해 줄 수 없다. 하지만 여기서 주의할 점이 있다. AI가 자료를 잘 만들어 준다고 해도 그대로 믿으면 안 된다. 그리고 전문가들이나 상위 직급자, 교수들은 정성스럽게 직접 작성한 것인지, 3분 만에 AI를 대충 돌린 것인지 정확하게 파악할 수 있으므로 문제가 될 수 있다. AI의 정보와 지식에 대한 더블 체크와 크로스 체크는 필수이다.

아무리 프롬프터를 정확하게 넣어도 원하는 정보와 다른 것을 알려 줄 수도 있다. 추가 확인 작업이 필요하다. 그리고 문해력과 문장 분석 능력을 높여 나만의 언어와 스타일로 만드는 추가 작업도 필요하다. 혼자 하는 것보다 AI를 조력자로 활용해 보는 건 어떨까? 미처 생각하지 못했던 인사이트로 아이디어를 제공해 주곤 한다. 하지만 AI가 언제까지나 주체가 될 수는 없다.

여러분 스스로가 주체로서 지혜롭게 활용하여 도움을 받길 바란다. 고군분투하는 것보다 AI를 잘 활용하는 시스템 사용자 된다면 충분히 경쟁자들과 차별화될 수 있을 것이다. 원하는 정보를 정확하게 넣어줘야 AI도 가장 좋은 퍼포먼스를 내며, 의미 있는 답변을 만들어 낸다는 게 요즘 널리 알려진 사실이다. AI를 잘 다루면서 주체적으로 사용하는 것도 차별화 능력이 될 수 있다.

정부 단체나 초중고등학교에서 다양한 수업을 하는 공방 선생님을 만난 적이 있다. 제안서 내용과 사진이 좋다면 정부에서 하는 프로그램 강사로 일할 수 있다고 이야기해 주었다. 새로운 일과 경력을 쌓을 좋은 기회가 바로 정부나 지자체들과의 협업이다. 그런데 제안서 담당자의 말에 따르면, AI로 만든 똑같은 제안서를 여러 개 받아 다 탈락시켰다고 했다.

성의 없는, 같은 내용을 뿌리지 말자. 평가하는 사람들은 다 알고 있다. 큰 틀은 도움은 받되 자기만의 스타일이 잘 어우러져야 차별화할 수 있다.

10 분 생각 ── 노트 ✎

1. 내가 남들과 다른 점이 있다면 무엇인가?
2. 대체 불가능한 사람이 되기 위한 나만의 장점은 무엇인가?
3. 나는 어떤 상황에서 나의 진실한 모습을 잘 드러내는가?

4. 나의 업무능력에 도움을 줄 만한 AI 프로그램이 있다면?

5. 가장 많이 사용하는 사이트나 앱은 무엇인가?

2.3 목표로 삼고 싶은 롤 모델 탐구

"성공한 사람을 따라가라. 그들이 어떤 길을 갔는지 알면,
당신도 그 길을 가게 될 것이다."

- 토니 로빈스

사람들은 자기 계발서를 읽고 자신이 어떤 방법으로 성장할 수 있을지 생각하게 된다. 수년 전 나는 박사학위 논문을 써야 했기 때문에 이런 심리는 어떤 단어로 조작적 정의를 할 수 있는가에 대한 고민을 많이 했다. 자아 확대, 자아 발전, 자아 확장 등 여러 가지 단어의 뜻과 지금까지 연구된 자료들을 바탕으로 찾아보았다.

그중 자기확장이론(Self-expansion theory)이 내가 생각하는 이론과 가장 잘 어울렸다. 이 이론은 아서아론(Arthur Aron) 연구팀이 찾아내게 되었다. 초반의 자아 확장 연구는 개인은 자기를 넘어서는 경험과 관계를 통해 성숙하고, 행복을 추구할 수 있다는 중요한 내용을 제공했다.

김주환 작가의 《회복탄력성》에서 내게 충격적으로 다가온 부분이 있다. 자아 확장과 다른 사람과의 관계를 통해 회복탄력성을 강

화할 수 있는데 이는 혼자서 하는 게 아니라 제삼자를 보고 관찰하고 관계를 맺을 때 가능하다는 것이다. '나는 혼자 열심히 해서 남들보다 자아 확장이 잘 되어 있고, 나는 건설적인 사람이다'라고 생각했다면, 그건 잘못된 생각이다.

무의식 속에 나에게 긍정적인 영향을 주는 사람을 관찰하고 배워서 따라 한 것이다. 내면의 강도도 중요하지만, 매일 접하는 다양한 상황들과 관계들을 통해 자아가 확장되며 성장하고 바뀐다.

롤 모델 선정하기

인간은 태어나서 자주 접하는 부모나 다른 가족을 통해 많은 것을 배우게 된다. 주변과의 긍정적 관계 맺기와 관찰로 성장하게 되며, 회복탄력성도 향상된다. 생각을 더 확장해 보자. 전통적인 시대엔 만날 수 있고, 관찰할 수 있는 사람이 한정적이었다면 이제는 세계 어느 나라 사람이든 긍정적인 영향을 주는 사람을 롤 모델로 찾을 수 있다. 특별한 노력을 하지 않아도 그를 관찰할 수 있다. 운이 좋다면 DM이나 피드의 댓글에도 반응해 주는 인플루언서가 많아 생각지 않았던 관계 맺기나 응원을 받을 수 있다.

롤 모델 선정 첫 번째 단계는 자신이 어떤 분야에서 성장, 발전하고 싶은지 명확하게 하는 것이다. 어릴 땐 집에 돌아다니는 위인전이나 자서전으로 간접경험을 하는 게 다였다면 지금은 인터넷만 접속하면 훌륭하게 살고 있는 사람들을 다양하게 접할 수 있다. 가지고 있는 목표와 분야에 따라 롤 모델은 꼭 한 명일 필요는 없다. 또한 위인전에 나올법한 대단한 사람일 이유도 없다.

도시살이에 지쳐 시골로 가는 게 꿈인 사람은 '오가리카페(ogaricafe)' 대표를 롤 모델로 삼을 수도 있다. 대리만족을 떠나 그녀의 삶을 관찰하며 자신의 꿈을 실천해 나갈 수 있고, 궁금한 것을 직접 물어볼 수도 있다. 괴산의 인적 드문 곳에서 작은 카페를 운영하면서 SNS를 통해 수익모델을 만들어 낸 그녀는 인스타그램 활동으로 카페는 주 3일만 운영하고 직접 만든 빵을 온라인으로 판매하고 있으며, SNS 강사로도 그 활동 범위를 넓히고 있다.

방학 때는 아이들과 함께 보내기 위해 몇 달씩 카페 문을 닫지만, 자기만의 속도대로 삶을 살아가고 있다. 리틀 포레스트의 삶 같아도 40대 여성으로서 포기하지 않고 도전해서 많은 사람에게 긍정적 영향을 주었고, 그녀의 카페에 일부러 방문하는 손님도 늘고 있다고 한다.

카페 하나만 브랜딩해서는 수익 창출이 쉽지 않은 만큼 가장 알리기 어렵지만 쉬운 콘텐츠의 주인공으로 직접 자신이 만든 콘텐츠에 등장하는 인물이다. 매력이 있는 공간에 찾아 가고 싶은 심리를 잘 파악해서 자신만의 콘텐츠를 발행하고 있다. 삶의 균형을 잘 잡는 분이라고 생각해서 관심 있게 보고 있다.

나는 MBC 〈생방송 오늘 아침〉을 진행하는 김정현 아나운서의 인스타그램(jayjunghyunkim)을 팔로우하고 있다. 그의 인스타그램 계정에는 방송에서 미처 보여주지 못한 일상의 매력과 진솔한 모습들이 있다. 특히 그는 여가 시간을 건강하고 활기차게 보내는데, 항상 운동하는 모습을 꾸준히 공유하며 운동의 즐거움과 성취감을 전파한다. 그의 사진과 영상을 보면, 꾸준한 자기 관리와 철저한 생활 습관이 얼마나 중요한지 자연스레 깨닫게 된다.

김정현 아나운서의 또 다른 취미는 바로 피아노 연주이다. 그는 시간이 날 때마다 피아노 앞에 앉아 진지하게 연습하고 연주하는 모습을 자주 보여준다. 취미를 넘어 전문가 못지않은 수준으로, 실제로 유명 오케스트라와 협연까지 하며 무대에서 관객들의 박수를 받는다.

그의 이런 모습을 보며 느낀 점은, 본업 외에도 자신이 하고 싶은 일에 온전히 마음을 다하는 자세이다. 그는 결코 형식적으로 피아노 연주나 운동을 하지 않고, 진정으로 그 순간을 즐기고 몰입한다. 매 순간 열정을 다해 집중하고, 그것을 통해 새로운 동기를 얻으며 자기 계발을 멈추지 않는다. 많은 사람이 자기가 좋아하는 취미 생활이나 하고 싶은 일이 있어도 바쁜 현실에 밀려 포기하거나 잠시 접어두곤 하는데, 그런 이들에게 그는 정말 좋은 본보기이자 롤모델이 될 수 있다.

살아가면서 일이 최우선이라고 생각해 자신이 진정 원하는 것들을 놓치거나 포기해 왔다면, 한 번쯤은 김정현 아나운서의 일상을 들여다보길 추천한다. 그를 통해 열정을 유지하고 삶의 균형을 찾는 방법을 배우게 될 것이다. 진심으로 가슴을 울리는 동기가 되고, 현실 속에서 꿈꾸던 일을 이루어 가는 그 모습을 보면 자신도 모르게 용기가 생길지도 모른다.

누군가에게 삶의 영감을 주고, 동기를 자극하며, 가슴을 뛰게 만드는 사람이 있다면 그 사람은 충분히 우리의 롤 모델이 될 수 있다.

SNS 활동을 활발히 하는 이런 사람들은 퍼스널 브랜딩이 명확하게 되어 있으며, 누군가의 롤 모델이 되어 주기에 충분하다. 삶의 가치가 다양해지고 있으므로 나와 잘 맞는 롤 모델을 찾아보고 그들의 성격, 직업적 성취, 생활 습관 등을 관찰하고 분석해 볼 수 있다. 보고 비교하고 감상하는 것에서 멈추지 말자. 탐구하고 적용해 보도록 하자. SNS를 통해 그들의 삶을 쉽게 관찰할 수 있고 롤 모델 삼을 수 있기 때문에 닮고 싶고 본받고 싶었던 어린 시절 위인 전은 우리에게 더 이상 필요하지 않다.

롤 모델 탐구와 적용

롤 모델을 정했다면 탐구해서 더 많은 배움을 얻을 수 있다. 그들의 경험과 생각, 어려운 시기의 극복 방법, 가치관을 관찰하고 탐색

할 수 있는 도구들이 많이 있기 때문이다. 책이나 인터뷰, 유튜브 영상을 관심 있게 보고 적용하고자 하는 시간도 필요하다.

그들이 어떤 경험을 통해 성장했는지, 그들의 성공은 어떤 습관과 태도로 이루어졌는지, 그들의 결정과 선택이 어떤 원칙에 기반을 두었는지 등으로 나누어 생각해 볼 수 있다. 중요한 건 관찰로 끝내지 말고, 자기의 삶에 꾸준히 적용하는 것이다.

그렇다고 롤 모델을 무조건 따라 할 필요는 없다. 성공적인 습관은 모방하되 내가 할 수 있고 적용할 수 있는 범위를 잘 설정해야 한다. 거창하고 대단한 롤 모델보다 따라 하고 적용할 수 있는 범주의 롤 모델도 좋다.

나의 부족한 부분을 그들을 통해 배울 수 있다면 더할 나위 없이 좋다. 성장이란 어제보다 더 나은 나로 살아가는 것이지, 꼭 그 사람처럼 될 필요도 없고 그렇지 않더라도 부담을 가질 필요는 없다. 그리고 자신감을 가져라. 언젠가는 우리도 누군가의 롤 모델로 살아갈 수 있다. SNS의 발달로 영향을 주고받는 사람에 대한 경계는 많이 허물어졌다. 삶에 대한 태도를 나 하나만을 위한 것이 아닌 좀 더 확장된 가치로 생각해 보면 어떨까? 나의 건강하고 긍정적인 태도의 합이 내가 모르는 누군가에게 중요한 변화를 줄 수도 있다.

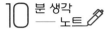

10분 생각 노트

1. 나에게 영감을 주거나 동기부여 해주는 사람은 누구인가?
2. 그 사람은 나에게 어떤 긍정적인 영향을 주는가?
3. 그 사람의 가치관이나 행동은 나에게 어떤 자극을 주는가?
4. 내가 배울 수 있는 건 어떤 부분인가?
5. 나는 어떤 영향력을 가진 사람이 되고 싶은가?

2.4 경쟁 속에서 돋보이기 위한 핵심 전략

"당신의 태도가 당신의 미래를 결정한다."
- 조엘 오스틴

앞에서 차별화 포인트를 남들과 다른 능력으로 접근해 보았다면, 이제는 핵심적 가치 차별화로 경쟁 속에서도 돋보이는 나만의 태도와 매너가 핵심 전략이 될 수 있다는 점을 강조하고 싶다.

제품을 뛰어넘는 이미지

마케팅에서는 차별화를 위해 가격으로 고객이 제품을 구분하게 만든다. 제품이나 서비스를 조금이라도 싸게 제공한다면, 수요는 자연스럽게 증가한다. 하지만 명품은 되레 고가격일 때 더 잘 팔리기도 한다. 사용 비용 대비 제품이 주는 가치에 대해 꼼꼼히 따지는 사람들이 많이 생겼지만 단순히 가격으로만 차별화할 수는 없다.

기업은 시대가 변화하면서 브랜드에 가치를 부여해서 같이 하고 싶고, 사고 싶게 만드는 전략을 사용한다. 기본적으로 제품의 퀄리티가 좋지 않으면 시장에 나올 수 없다. 법적으로, 화학적으로, 윤리적으로 문제가 없는 제품만이 세상에 나올 수 있다. 특히 우리가 이름만 들으면 알만한 기업들의 브랜드는 품질은 기본으로 보장되고 믿을 수 있는 상태에서 그 외의 가치를 덧씌우므로 경쟁 속에서도 구별될 핵심 전략이 있다.

제품이나 서비스를 매력적으로 보이게 하는 가치에는 여러 가지가 있는데, 브랜드의 신뢰성과 명성, 디자인, 차별화된 특징 등이다. 이는 다른 제품들과 비교할 때 우위로 견줄 만한 특별한 성능이나 이미지를 의미한다.

이런 개념을 개인으로 바꿔 생각해 보자. 퍼스널 브랜딩이나 셀프 마케팅을 위해서는 먼저 기본적인 일을 잘해야 한다. 하는 일에 전문성은 필수이다. 그러나 능력이 뛰어나고 시키는 일을 하는 사람은 많이 있어서 경쟁 사회에서 돋보이긴 쉽지 않다. 하지만 의외로 쉬운 곳에서 답을 찾을 수 있다.

태도와 매너로 이미지 향상하기

대학에서 강의하면서 가장 충격적이었던 것이 요즘 학생들이 인사를 안 한다는 점이다. 30~40대들은 이해할 수 없는 대목이다. 물론 개인적으로 마주치면 인사하지만, 40~50명 앉아 있는 강의실에 들어가면서 "안녕하세요"라고 말하고 나면 침묵이 흐른다. 아무도 말을 안 한다. 질문해도 아무도 대답하지 않는다.

대학에 갓 입학한 지인의 자녀들 몇 명에게 물어보니 "요즘 애들 인사 안 해요. 그냥 문화예요"라고 했다. 놀라운 답변이다. "문화? 그건 무례야!"라고 대답해 줬다. 아무리 코로나 팬데믹 이후 사회성이 떨어지고 개인화되었다고 해도 마주하는 사이에서 인사를 안 하고 침묵하는 모습은 충격적으로 다가왔다.

좋은 태도의 기본은 인사다. 대학에서 강의하는 사람이 책을 썼는데, 인사 잘하라고 쓰다니. 웃을 일이다. 하지만 직접 겪어보니 사람을 바라보는 기준이 달라졌음을 알게 되었다. 표정이 없고, 대답이 없으며, 인사하지 않는 대그룹에서 그 반대로 행동한다면, 그 사람은 몹시 매력적으로 보인다. 구별되며 기억이 잘 난다. 인사는 예의의 기본이고, 태도의 시작이기 때문에 중요한 문제이다. 기본은 해야 하지 않을까? 인사만 잘해도 성공한다는 말이 있다. 한 번 더 쳐다보게 되고, 기억하게 되며, 성실하다는 이미지를 준다. "안녕하세요? 감사합니다"라고 말하는 건 어렵지 않다. 어색함에 어영부영 대답 안 하는 학생들을 보면 안타깝다. 태도에서 경쟁 핵심 전략은 너무 쉽다. 기본에 충실하면 된다. 큰 소리로 웃으면서 인사하라. 사회적 관계와 네트워크 차별화가 될 수 있는 가장 쉽고 빠른 방법이다.

〈킹스맨〉이란 영화에는 아주 유명한 대사가 나온다. "Manner makes the man." 매너가 신사를 만든다는 뜻이다. 사람이 지닌 가치와 차별성은 그들이 하는 행동에서 구분된다. 사람은 어떻게 행동하고, 타인을 대하는가에 따라 달라 보인다. 매너가 좋은 사람은 사회적 성공에서도 유리한 위치를 선점할 수 있다고 한다. 매너는 또한 서로 간의 거리를 지켜준다. 존중하고 배려한다면, 너무 가까이 다가가서 주는 불편함을 느끼게 하지 않는다.

세계적으로 유명한 리더십 전문가이자 작가인 존 맥스웰(John C. Maxwell)은 "당신의 인격은 당신이 가는 곳에서 당신을 따라다닌다"라고 말했다. 매너와 예의가 일관되게 드러나면, 사람들은 그 인격을 인식하고 그에 따라 성공을 쌓을 수 있다는 뜻이다. 매너와 태도는 항상 몸에 붙어 있기에 의식과 무의식 안에서 존재한다. 사람의 인격과 바른 사고를 구분할 수 있는 도구가 되어 준다.

예의 바른 모습도 어색하지 않으려면 몸에 배어 있어야 한다. 어느 날 중요한 자리에서 좋은 모습을 보이려고 꾸민다고 해도 자기도 모르게 본연의 모습이 나오고 만다. 갑자기 연기할 수는 없다. 언제 어디서 누군가가 나를 관심 있게 관찰하고 있다는 사실을 놓치지 말자.

긍정적 리액션

매력적인 사람들의 특징을 관찰하면 그들은 부정 언어 사용을 거의 하지 않는다. 항상 칭찬하고 좋은 부분을 찾아서 이야기한다. 지인 중 네트워크 마케팅 회사에서 3년밖에 근무하지 않았는데 월 2,000만 원의 수익을 내는 사장님이 있다.

그녀는 대화 중 안 된다는 말을 절대 하지 않는다. 해결책을 찾아 할 수 있는 방법을 이야기하고 긍정적 언어로 용기와 격려를 해주는 데 전문가다. 힘들거나 어려운 이야기엔 "그럴 수 있죠, 저도 그랬는데요"라고 감정을 인정해 준다.

긍정적인 리액션은 사람들의 관계를 개선해 줄 뿐만 아니라 함께 있고 싶게 만든다. 그런 사람은 자주 만나고 싶은 사람이라는 이미지를 준다. 아름다운 미소로 긍정적인 말을 해주는 그 사장님을 만나면 작은 불평, 불만도 가치 없는 일이라는 것을 바로 깨우치게 된다. 들을 때마다 놀라울 정도로 관계 안에서의 행복과 감사를 표현해 준다. 그녀가 성공하게 된 핵심 요소는 긍정적인 리액션이라고 감히 말할 수 있다. 그녀는 믿을 수 있는, 만나고 싶은 사람으로 자신을 차별화하고 사업도 잘 꾸려가고 있다.

일 잘하는 두 사람이 있다. A는 업무 해결 능력이 좋지만, 때론 부정적으로 대답하거나 개인적인 태도를 보인다. B도 역시 업무 해결 능력은 A 못지않다. 하지만 언제나 웃는 얼굴로 상황이나 문제에 대해 긍정적인 반응을 보인다. 아무리 어린 초등학생이라도 B와 일하고 싶다고 말할 것이다. 이렇게 쉬운 기본에 대해 놓치고 있는 건 아닌지 생각해 보자.

나는 강의 시간에도 사람을 만났을 때 자기가 하고 싶은 이야기만 하지 말고, 상대방이 듣고 싶은 말을 배려해서 해보라고 이야기한다. 하고 싶은 말만 해서는 좋은 관계를 유지할 수 없다. 센스 있게 들어주고 때론 상대방이 듣고 싶어 할 멘트를 선물처럼 해주는 것도 긍정적인 리액션에 속한다.

사람들을 만났을 때 칭찬거리 찾는 게 얼마나 재미있는 일인지 여러분이 알게 되길 바란다. 즐거운 마음으로 표현했을 때 사람들의 마음을 사는 것은 어렵지 않다. 경쟁이 치열한 사회에서 살아남는 데도 용이하다. 내가 만나고 싶은 매력적인 사람이 내가 되면 되는 것이다. 물론 능력도 있어야 하지만 위에 언급된 팁으로 눈에 띄는 매력적인 사람의 이미지를 갖길 바란다.

10분 생각 — 노트

• 긍정적인 리액션을 돕는 질문들

이 사람의 감정을 어떻게 존중할 수 있을까?

어떤 점을 칭찬해 줄까? 지금 생각나거나 보이는 사람의 칭찬거리를 써 보자.

이름:

칭찬:

1. 가장 긍정적인 행동은 무엇인가?

2. 이 사람의 장점은 무엇이고, 어떻게 인정할 수 있을까?

3. 어떤 방법으로 긍정적 리액션을 표현할 수 있을까?

2.5 전문성을 기반으로 한 포지셔닝

"마케팅의 본질은 초점을 좁히는 것이다.
시장을 더 정교하게 세분화하고, 명확하게 타겟팅하며,
뚜렷하게 포지셔닝할수록 브랜드는 더 강력해진다."
- 필립 코틀러

    마케팅에서 가장 중요한 기본 개념은 STP이다. 마케팅의 대가 필립 코틀러 교수가 연구한 이론으로 제품과 소비자 욕구에 근거하여 동질적인 여러 고객 집단을 나누고 경쟁 상황과 가진 자원을 고려하는 단계를 거친다. 그리고 포지셔닝으로 경쟁사들과 차별화할 수 있는 독자적인 위치를 선정한 후 지속해서 그 이미지로 소비자들이 인지할 수 있는 마케팅 활동을 하는 것이다. 사실 마케팅 전문가가 아니더라도 — 작은 가게를 열거나 영업을 시작해도 — STP의 개념은 기본으로 인지하고 적용해야 한다. 포지셔닝을 이해하기 위해서는 세그먼트 타겟팅을 이해하는 시간이 필요하다.

STP란?

시장 세분화(Segmentation)는 다양한 특성과 요구를 가진 소비자 그룹을 나누는 과정이다. 기업은 나이, 성별, 소득 수준, 취미, 소비 습관 등 다양한 기준을 통해 시장을 세분화한다.

타겟팅(Targeting)은 특정 소비자 그룹을 선택하고 그들에게 마케팅 활동을 집중하는 것이다. 시장을 선정할 때는 시장의 크기, 성장 가능성, 자원 등을 고려하는데 고소득 직장인, 20대 대학생, 건강에 관심이 있는 중장년층 등 회사의 제품이나 서비스를 가장 잘 어필할 수 있는 시장 그룹을 정한다. 가장 매력적인 세그먼트에 타겟팅하면 된다.

여기서 마지막으로 중요한 포지셔닝(Positioning)이 나온다. 이것은 고객의 마음에서 제품을 어떤 위치에 각인시킬 건지 결정하는 행위로, 이를 표현한 프레임워크가 포지셔닝맵이다.

포지셔닝으로 나만의 핵심 가치 만들기

이 이론을 언급한 것은 우리가 전문적인 능력을 가지고 취업 준비나 이직을 준비할 때 또는 사람을 만날 때도 포지셔닝으로 적용해 볼 수 있기 때문이다. 여러분은 어떤 이미지의 사람으로 기억되길 바라는가?

포지셔닝맵을 통해 자기만의 전문성을 키우고, 발전시키며, 점점 더 고품질, 고가격, 고사양 제품군의 위치로 향할 수 있다. 취업 전 직장으로 삼을 만한 다양한 기업들을 세분화할 수 있다. 그 후 정확하게 어느 기업에 지원할 것인지 타겟팅하고 난 뒤 취업할 때의 내 모습을 포지셔닝 해보는 건 어떤가? 이론적으로는 시장과 고객을 구분하는 것이지만, 우리는 취업할 회사를 찾는 전략으로 활용해 보자. 그리고 제품 대신 그 시장에서 자신을 포지셔닝 해보는 것이다.

포지셔닝맵 그리기

포지셔닝맵은 보통 X, Y축 두 가지의 중요한 특성과 핵심 가치를 설정하고 시작한다.

주로 많이 사용하는 방법은 품질과 가격으로 나눠 보는 것이다. 예를 들어, 고품질의 고가 상품을 애플이라고 하면, 적당한 가격의 중간 품질은 소니 저가, 저품질은 샤오미 정도로 포지셔닝맵을 그릴 수 있다. 삼성전자는 중간 이상의 품질과 가격 이미지로 애플과 소니 사이에 위치하면 적절할 것 같다.

고품질의 고가격은 애플, 이것은 누구나 다 알고 있는 사실이다. 애플, 소니, 샤오미 브랜드를 제시하고 그래프를 준다면 누구나 그릴 수 있을 정도로 포지셔닝이 잘 되어 있다. 포지셔닝맵을 그리고 활용하는 전략은 경쟁자와 내가 어느 위치에 존재하는지, 나를 적절한 위치에 포지셔닝하고 경쟁 상황에 맞춰 목표 시장을 설정할 수 있다.

이 내용을 포지셔닝맵으로 그려보면 다음과 같다.

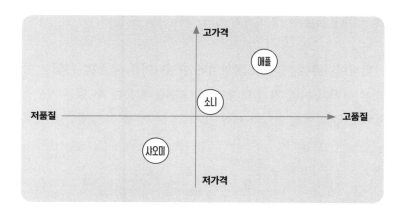

여러분이 취업이나 이직의 경우로 생각한다면, 두 가지의 직무 전문성을 가지고 가장 중요한 부분, 즉 핵심 가치에 맞게 위치하는 지, 경쟁자들에 비해 나의 위치는 차별화가 되어 있는지 알아보고 내 위치에 맞는 표적시장(취업하고 싶은 기업)을 찾는 것으로 응용할 수 있다.

예를 들어, 승무원을 준비한다고 가정해 보자. 그래프를 그리되 승무원이란 직업의 가장 중요한 핵심 가치가 무엇인지 고민해 보면, 다양한 언어와 소통 능력, (항공사에서 원하는) 외모 및 태도로 나누어 생각할 수 있다.

어학 점수가 부족하다면 합격선 이상의 어학 점수를 받을 수 있도록 준비해야 하고, 영어뿐만 아니라 간단한 일상 회화 정도 수준의 제3외국어를 공부한다면 더 좋은 위치로 갈 수 있다. 언어와 외모/애티튜드로 두 개의 축을 잡아 맵을 그릴 수 있다.

디자이너라면 어떨까? 독창적인 아이디어를 창출할 수 있는 창의적 능력과 여러 가지 디자인프로그램을 활용할 수 있는 기술적 능력을 중요 핵심 역량과 핵심 가치로 나누어 볼 수 있겠다.

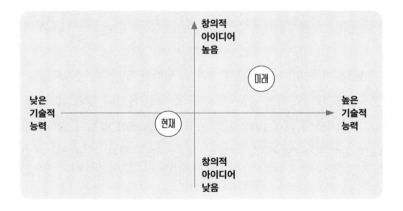

여러분의 현재 위치가 경쟁자들과 차별화되지 않은 일반적인 상

태(맵의 왼쪽 아래 혹은 중간)라면 미래의 나의 모습이 포지셔닝 될 수 있도록 혁신적인 아이디어를 얻고 체득할 방법들을 전략적으로 연구해야 한다. 변화하는 트렌드를 연구한다거나 다양한 영감을 얻기 위해 전시회나 박람회, 자연 관찰 등 디자인 아이디어에 활력을 줄 만한 활동들을 해볼 수 있다.

기술적 능력 향상 기준으로 보면, 필요한 자격증을 준비한다거나 포트폴리오, 공모전, 다양한 대회 준비 계획이 구체적으로 생길 것이다. 2가지 핵심 역량으로 가장 좋은 위치에 포지셔닝 했을지라도 경쟁자들은 호시탐탐 나의 자리를 노릴 수 있다. 그러므로 선택한 직업의 과업에 필요한 준비를 게을리하면 안 된다.

핵심 가치 경쟁자보다 뛰어난 애티튜드, 소통 능력, 어학 능력 같은 것들이 추가로 준비되었다면 비슷한 필드에서 경쟁하는 사람들 사이에서 가장 차별화된 인재로 평가받을 수 있다.

여러분이 원하는 직업에서 필요한 가치 2가지를 써서 포지셔닝 맵을 그려보고, 그 2가지에 대한 자신의 능력치가 우상향 위치에 있다면, 더 필요한 3가지를 써 보자. 만약 자기 위치가 애매하다면, 타겟팅한 기업에서 필요한 역량인 무엇인지 기록해 보자.

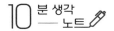

10분 생각
—— 노트 ✏️

1. 내가 원하는 직업에 필요한 핵심 역량 2가지는 무엇인가?
2. 포지셔닝맵을 그려보자. 나의 위치는 객관적으로 어느 정도인가?
3. 수치화할 수 있는 자격증이나 경력 등을 만들기 위해 어떤 노력을 해야 할까?
4. 우상향 위치에 필요한 것은 무엇인가?

2.6 비교가 아닌 성장으로 경쟁을 이겨내기

"비교하는 것은 자기를 불행하게 만드는 것이다."

- 버지니아 울프

레온 페스팅거(Leon Festinger)는 객관적 기준이 결여된 상황에서 사람끼리 비교를 통해 자신을 평가하려 한다는 사회적 비교 이론을 만든 미국의 사회심리학자이다. 이 이론에 따르면 사람들은 타인과 비교함으로써 자신의 위치나 능력을 평가하고, 자신의 상태를 점검하고자 한다.

이론은 상위와 하위 비교로 나뉜다. 상향 비교(Upward Comparison)란 내가 더 나아지기 위해 더 나은 사람과 비교하는 경우를 말한다. 이를 통해 더 나은 성과를 낼 수 있다. 하향 비교(Downward Comparison)는 자신보다 덜 성공한 사람과의 비교를 통해 자신감과 안정감을 얻는 것이다.

이 이론은 세상을 아름답게 보며 긍정적인 부분을 이야기하지만, 한 발짝 더 들어가서 사람의 심리를 살펴보면, 잘난 사람과의 비교는 불행을 낳고 상대적 박탈감을 느끼게 한다. 하지만 자기보다 부족한 사람과의 비교는 자아 만족과 자신감이 생겨 기분이 좋을 수 있지만, 더 깊게 보면 자만하거나 다른 사람을 하찮게 여기는 부정적 감정도 무시할 수 없다.

육각형 인간

《트렌드 코리아 2024》(김난도 외 지음, 미래의 창)에서는 최근 젊은 세대의 완벽주의적 성향을 묘사하며 '육각형 인간'이라는 개념을 제시한다. 이는 여러 가지 기준을 축으로 삼아 개인의 능력과 조건을 분석할 때 주로 사용하는 헥사곤 그래프에서 유래된 것으로, 모든 영역에서 최상의 상태를 이루면 그래프가 정육각형 모양으로 나타나기 때문이다. 즉 완전한 육각형은 완벽함을 상징한다.

오늘날의 젊은 세대, 특히 20대와 30대 사이에서는 외모, 학력, 재정 상태, 직업, 가족 배경, 성격, 특별한 재능 등 다양한 측면에서 완벽을 추구하는 경향이 두드러지고 있다. 이를 두고 저자들은 이러한 이상적 완벽함을 목표로 하는 현대인의 심리를 '육각형 인간'이라고 표현한다.

한편, 심리학자인 토머스 커런(Thomas Curran) 박사 연구팀은 미국, 영국, 캐나다의 대학생 4만 명을 대상으로 연구한 결과, 젊은 세대 내에서 사회적 압박감에 따른 완벽주의 성향이 증가하고 있음을 발견했다.

연구에 따르면 이들은 타인의 평가에 예민하게 반응하며, 타인과의 경쟁에서 승리하고 인정받기 위해 스스로 완벽해야 한다는 강박적 부담감을 가지는 것으로 나타났다. 커런 박사 팀은 이러한 현상의 배경으로 젊은 세대가 스스로 처한 사회적 상황에 부담감을 느끼고, 주변 사람들로부터의 평가 또한 점점 더 엄격해지고 있기 때문이라고 분석한다.

SNS에 자랑하는 피드들 — 명품 가방을 샀다거나, 3개 국어를 한다거나, 서울대를 나왔다거나, 오마카세를 갔다 왔다거나, 신라호텔에서 10만 원짜리 망고 빙수를 먹었다거나 하는 내용 등 — 을 보면 어떤 생각이 드는가? 평범하게 산다고 할지라도 이런 부분들에서 비교하기 시작하면 끝도 없이 작아지는 자신을 보게 될 것이다.

사람이 살면서 어려워하는 게 상대적 빈곤감이라고 한다. 우리 사회는 이런 상대적 빈곤감으로 자살하거나 극단적 행동을 일으키는 등 사회적 문제가 많이 나타난다. 타인과의 비교는 피할 수 없지만, 남을 의식하는 데 시간을 허비하지 말고, 나를 위한 주체적인 삶을 살아내는 게 필요하다.

다름을 인정하자

나이가 들어 가면서 알게 된 건 다름을 인정해야 한다는 것이다. 인생을 살아가는 여정에서 상대적 비교가 의미 없는 것은 결과적인 비교일 수는 있지만, 출발선이 다르기에 무의미하다고 생각한다. 부모가 다르고, 교육 환경이 다르고, 살아온 곳과 가족의 성향이 다르며, 개인의 성향과 재능 또한 다르기 때문이다.

그래서 이런 조건들에서 상대적 우위를 점하고 있는 사람은 출발선이 앞에 있기도 하고 뒤에 있기도 하다. 사회적으로 말하는 경제적 능력이나 정서적인 성품은 모두 출발선이 다르다고 보면 된다. '저 사람은 부모 잘 만나서 저렇게 사네, 나는 이 모양인데'라고 할 게 아니라 그냥 인정하면 된다. '나는 부모 도움 못 받았어도 독립적이고 주체적으로 살고 있으니 더 멋지다'라고 인정해 주면 된다.

"출발선이 달라서 내가 뒤에 있는 것 같지만 성공 도착 지점엔 내가 먼저 안착할 수 있어!"라고 당당히 말해보자.

정말 이해가 안 되는 사람을 만났을 때, 아무리 생각해도 이해할 수 없어서 가슴을 쳤던 기억이 있다. 그 순간에도 비교한 것 같다. '나는 저 사람보다 지혜롭고 세상을 보는 눈이 있다'라고. 상대적으로 내가 옳고, 그 사람이 틀린 답을 내린 게 아니라 그냥 다른 것이었다. 그 사람 눈엔 내가 이상한 말을 하는 사람으로 평가될 수 있다.

물질적이든 정서적이든 다름을 비교하면서 누가 더 좋아 보이고 나빠 보이는지 저울질할 필요가 없다. 상대적으로 자기가 더 나은 사람이라고 교만하게 자위할 필요도 없다. 진정한 시간 낭비다. 비교함으로써 상대방을 헐뜯으며 상대적 우월감을 느낄 필요도 없고, 자만할 필요도 없다. 불필요한 감정으로 하는 에너지 낭비라는 걸 알게 될 것이다. 그래서 나이 들수록 겸손해지는가 보다.

비교는 내가 어디까지 왔는지 정도의 객관적 체크로만 끝내자. 인생은 마라톤인데 출발선이 다른 인생에서 뒤처졌다고 속상해할 게 아니라 자신이 뒤쪽에서 달리고 있는 후발대라고 위치를 체크했다면, 열심히 달려서 따라잡으면 된다.

성장으로 이겨내기

비교로 생기는 부정적 감정을 떨쳐냈다면, 이제 자기만의 방법으로 성장하면 된다. 식물을 키우려면 적당한 햇볕, 물, 질 좋은 토양이 있어야 한다. 이건 물리적인 성장을 돕는 조건이다. 밭의 식물들은 농부의 발소리를 들을 때 더 잘 성장한다는 말이 있다. 식물을 키우는 사람이 물을 줄 때마다 만져주고 잘 커 줘서 고맙고 예쁘다고 말해준다면 식물도 알아듣고 더 잘 큰다고 한다.

우리도 물리적인 성장 요소를 잘 관리해야겠지만 이렇게 심리적으로도 흔들리지 않고 스스로 격려하고 사랑해 주면서 마인드 세팅에 게을리하지 말자. 내 안의 마음 식물들을 잘 키워내길 바란다.

01에서 나에 대해 인지하고 성장의 발판으로 삼았다면 02에서는 성장하는 방법에 대해 좀 더 세심하게 살펴봤다.

비교하지 말고, 객관적 체크 정도로 가볍게, 하지만 자신의 위치를 자주 파악해 보자. 뒤처진 것 같다면 더 달릴 수 있도록 환경과 마인드 세팅을 하고, 바쁘게 달려서 지친 것 같으면 지금까지 해 온 것들을 뒤돌아보고 쉼을 갖는 시간도 중요하다. 앞으로 질주할 수 있는 전략을 만들어 보자. 할 수 있다!

10분 생각 노트 ✏️

1. 사회적 비교 이론을 나만의 건강한 객관적 체크 이론으로 바꿔 본다면?
   (경쟁자보다 앞서는 내용, 뒤에 따라 가고 있는 내용이 있는지 생각해 보자.)
2. 다른 사람의 성공을 보면서 나는 무엇을 배울 수 있는가?
3. 더 나은 사람이 되기 위한 나만의 노력은 무엇인가?

03

나라는 브랜드를
완성하라:
성장과 업그레이드 기술

3.1 약점을 보완하는 현실적인 접근법

"문제의 근본 원인을 해결하지 않으면,
일시적인 해결책은 다시 반복될 뿐이다."
- 순자

　앞에서 SWOT 분석을 진행했고, 나의 강점과 약점에 대해서 알
게 되었다. 약점이란 다르게 정의하자면, 부족한 점이 될 수 있을
것 같다. 나에게 단점이 되거나 부족한 점이라고 느낀 부분의 원인
을 찾아서 근원을 추출해야 한다. 대학 강의를 하면서 학생들이 약
점으로 가장 많이 기록한 것은 미루는 습관과 시간활용을 잘 못한
다는 내용이다. 막연히 미루고, 시간활용을 못하는 원인을 제거한
다면 생각보다 쉽게 문제 해결을 할 수 있다.

약점의 원인이 된 뿌리를 찾아 제거하자

　첫 번째 단계는 '인지하기'다. 약점이자 단점, 부족한 점에 대한

인지는 이미 되어 있는 상태이다(SWOT 분석). 다음 단계는 그것을 목록화하여 왜 내가 그 행동을 해서 나의 약점을 만들어 냈는지에 대한 심도 있는 고민과 함께 부정적 행동을 야기하는 뿌리를 찾아 내야 한다.

　일을 미루고 단순히 근시안적으로 당장 쉬고 싶고, 놀고 싶고, 자고 싶은 것에 충실하다 보면 해결되는 것은 아무것도 없다. 다급하게 밀렸던 일을 처리해야 하는 압박과 촉박한 상황에 완성도는 떨어질 수밖에 없다. 미뤄서 나중에 받게 될 피해(?)를 먼저 내다보자.
　길게 봐야 한다. 당장 편하게 쉬고 나면 나중엔 할 일이 쏟아져 손쓰기 힘든 상태가 된 적이 있을 것이다. 바로 앞의 즐거움보다 지금 당장 일을 시작해서 마무리하고 마음마저 편하게 쉬는 건 어떨까?

　시간활용을 왜 못했는지 생각해 보면, 하루 종일 휴대폰으로 SNS 보고 게임을 하느라고 많은 시간을 허비했음을 바로 알게 된다. 그렇다면 시간 관리에서 학습한 대로 그 원인이자 문제의 시작이 된 휴대폰을 꼭 해야 할 일을 마무리할 때까지 비행기 모드로 하거나, 다른 장소에 놓아두는 연습을 하면 된다.
　휴대폰은 잘못이 없다. 손에 쥐면 몇 시간씩 시간을 허비하는 우리가 문제다. 손에 닿지 않도록 또는 자주 울리는 걸 확인하지 못하도록 물리적 거리를 두며 격리해야 한다.

다이어트를 예로 들어 설명해 보자. 실제로 한 학생이 셀프 SWOT 에 다이어트하겠다고 마음먹고 제대로 성공해 본 적이 없는 의지가 약한 사람이라고 기록했던 기억이 난다. 다이어트하지 못한 게 의지박약으로까지 발전해 가므로 더 정확한 원인을 찾아 해결해야 한다.

다이어트할 때 극단적으로 안 먹고 운동을 많이 한다면, 반드시 실패하고 다시 요요가 찾아올 것이다. 루틴을 만들기까지 시간이 필요하다. 다이어트 식품으로 뭘 먹을까부터 고민하지 말고, 먹지 말아야 할 것부터 찾으면 된다. 살이 찌게 된 원인은 스스로 잘 알 것이다.

"당신은 뭘 먹어서 과체중이 된 것 같나요?"라고 물었을 때 사람마다 대답은 다르지만, 대부분 이런 내용으로 대답할 것이다. "저는 술과 면 요리를 너무 자주 먹어요. 차가운 커피를 입에 달고 살아서 그런 것 같기도 해요. 따뜻한 물이 체지방을 녹인다던데…." 그렇다면 다른 걸 더 먹고 덜 먹고가 중요한 게 아니라 살찐 원인이라고 생각하는 것만이라도 하지 않으면 된다.

다이어트 방법을 모르는 사람은 없다. 전략적으로 실행하지 못할 뿐이다. 물이나 커피만 따뜻하게 바꿔도 다이어트 효과가 있다는 연구가 있다. 다른 이유는 모르겠고 많이, 아주 많이 먹는 게 원인이라고 한다면, 뇌 속임을 할 정도로, 점진적으로 식사량을 줄이거나 먹는 시간(간헐적 단식)을 바꾸는 것도 좋다. 눈에 보이는 것보다 행동의 원인을 찾아보는 게 해결책이 될 수 있다.

학생들은 계획적이지 않다는 것도 약점으로 이야기했는데, 이 문제는 작은 계획이라도 체계화해서 하나씩 지워가면서 실천하는 습관을 들이면 좋다. 완벽주의 성향이 너무 강해서 계획을 세우는 시간을 많이 허비하거나 계획 상황에 매몰되어 완성도가 오히려 떨어진다는 학생도 있었다.

이런 경우, 우리가 배운 우선순위 만들기를 활용해서 꼭 점검해야 하는 부분에 신경 쓰고 계획을 간소화하는 방법도 좋다. 만약 완벽주의 성향의 원인이 불안이나 심적 스트레스라면 멘털 관리에서 배운 부분을 참고하면 도움이 될 것이다.

약점 해결의 진입장벽 낮추기

상담과 코칭을 많이 하면서 나는 극단적으로 "그 행동 절대 하지 마. 그렇게 하면 나빠"라고 하진 않는다. 그렇게 말하면 자신에 대해 부정적으로 바라보는 시각이 싫어서 더 어깃장을 놓게 되고 시도조차 안 한다는 걸 잘 알기 때문이다.

우선 공감부터 해준다. "사람이 어떻게 하던 걸 완전히 안 할 수 있어. 줄여 나가거나 적당히라도 시도해 보는 거지. 아무것도 하지 않는 것보단 낫잖아. 시작해 봐"라고 말한다면 약점을 보완하기 위한 진입장벽을 조금이라도 낮추는 계기가 될 수 있다. 의식했다는 것은 변화의 시작이다. 약점을 고치기 위해 하는 시작 단계에서 진입장벽이 높으면 안 된다.

"10번 하던 걸 3번만 줄여봐, 그래도 성공이야."

다음에는 7번에서 5번으로, 5번에서 3번으로 줄여보면 된다고 쉽게 생각하자.

10분 생각 노트

1. 나의 약점은 무엇인가?

2. 내 약점의 근본적 원인은 무엇인가?

3. 그 근본적 원인은 어떤 방법으로 해결할 수 있을까?

3.2 지속 가능한 성장을 위한 자기 계발 계획

"책을 읽는 것은 다른 사람의 삶을 경험하는 것이다.
글을 쓰는 것은 자신의 삶을 만드는 것이다."
- 페트라 스테판

지속 가능한 성장을 위한 자기 계발 계획은 특별한 요령이 있다고 생각하지 않는다. 포기하지 않고 꾸준히 읽고, 쓰고, 기록하기라고 말해주고 싶다. 읽기만 강조하던 시대는 지나갔다. 읽기는 기본 옵션이고 이젠 쓰고, 매일 기록해야 한다. 그래야 쓰면서 내 것이 될 수 있다. 읽은 것은 쉽게 휘발되지만 한 자 한 자 꾹꾹 눌러쓴 것은 내 소유가 된다.

책 읽기

현재 우리나라는 '책을 읽지 않는 사회'이다. 바쁜 일상에 쫓기고 게임, 휴대폰에 책은 설 자리를 잃었고, 출판업계도 고전을 면치 못하고 있다. 문화체육관광부가 발표한 '2023년 국민독서실태조사' 에 따르면 성인의 57%는 책을 읽지 않는다. 2013년 이후 독서 인구는 내리막길을 걷고 있으며, 매번 역대 최저 기록을 경신하고 있다고 한다.

그로 인해 문해력과 어휘력이 부족한 문제들이 요즘 사회적 이슈가 되기도 한다. 금일을 금요일로 안다거나, 책을 도서관 사서에게 보내라고 하니 사서(구입해서) 보냈다는 웃지 못할 에피소드들이 있지 않은가. 다다익선 아닌, 다다익독이 필수인 시대이다.

독서란 글씨만 읽고 끝나는 것이 아니다. 성장을 위해 다양한 글을 읽고 동기를 받되 스스로 돌아보고 사고하는 시간을 가져야 한다. 그리고 배운 것으로 끝내지 말고, 삶에 적용해야 한다. 책은 많이 읽을수록 좋다. 책을 많이 읽는다는 것은 문해력과 이해 능력이 뛰어난 사람이 될 가능성이 높다는 의미다. 삶의 질 기본 요소인 소통 능력과 이해력이 높은 사람이 될 확률이 높아진다는데 안 읽을 이유는 없다.

매일 열심히 하는 일은 가속이 붙는다. 예를 들어 30분씩 일주일을 읽어야 책 한 권을 완독했다면, 지속적으로 속도가 빨라지면서 어느 순간 2~3일에 한 권을 거뜬히 읽을 수 있게 된다. 그리고 필요한 부분만 추출해서 읽는 능력도 생겨 하루에 한 권도 거뜬히 읽는 사람이 될 수 있다. 읽으면 읽을수록 많이, 빨리, 깊게 읽을 수 있다.

사람의 능력은 하면 할수록 빨라진다. 빌려 읽거나 사서 읽는 것이 비용과 시간적 부담이 되면, 한 달에 만 원 선인 책 구독 앱(밀리의서재, 리디북스, 윌라 등)을 사용해 보는 것을 추천한다. 휴대폰 앱으로 볼 수 있기 때문에 언제 어디서나 책을 가까이할 수 있다는 장점이 있다.

글쓰기

읽기만 하면 되지 왜 자꾸 쓰라고 할까? 대통령 연설문으로 유명한 강원국 작가의 《강원국의 글쓰기》에서 작가는 '글쓰기를 해야 하는 동기는 성장하기 위해서'라고 한다. 글을 쓰고 나서 나중에 다시 읽으면 얼굴이 화끈할 정도로 엉성해 보이지 않는가? 그는 글을 쓰지 않고는 성장을 확인할 길이 없다고 했다. 글쓰기 없이 어제보다 나아진 나를 확인할 수 없고, 오늘보다 나아질 내일의 나를 기대할 수 없다는 것이다. 써 놓지 않는다면 어제의 내 생각이 기억나지 않기 때문이다.

특히 중요한 부분은 글쓰기를 통해 감정의 성숙도를 확인할 수 있다는 점이다. 내가 글쓰기에 매료된 이유는 감정선을 안정적으로 만들어 준다고 믿기 때문이다. 때때로 감정의 소용돌이가 온 기운을 사로잡아도 다양한 주제로 차분하게 글을 쓰고 글을 고치는 과정(퇴고)에서 삐죽삐죽 튀어나온 돌기들을 부드럽게 만들 수 있다.

한 번에 글을 써도 모든 글은 퇴고의 과정을 거친다. 맞춤법이나 띄어쓰기 등을 고치고 윤문을 하면서 자연스럽게 읽히도록 글을 바꾸는 과정은 필수적이다. 평상시 생각만 하던 것들을 다시 복기할 때 같은 감정이 반복해서 올라오지만, 글쓰기를 한 후 퇴고 과정은 전혀 다르다. 조금 더 객관적이고 좋은 글을 쓰기 위해 절제하며 매끄럽게 만드는 과정을 거친다. 그러면서 내면을 탐색하고 위로하게 되는 계기를 마련해 준다.

글쓰기를 많이 하면 학습 능력이 향상될 수 있다. 그건 누구나 다 아는 이야기일 것이다. 논리적으로 서술하는 연습을 한다면 사고도 가다듬어지고 품성도 바르게 변한다.

지속적인 자기 계발을 위한 독서와 글쓰기. 그렇다면 어떤 글을 어디에 쓰면 좋을까? 조용한 공간에서 노트에 써도 되지만 SNS 안에 생각을 어필하는 것도 좋다. 요즘 릴스나 쇼츠처럼 영상을 기반으로 한 인스타그램이나 틱톡이 유행이지만 텍스트 기반인 블로그와 스레드도 많은 관심을 받고 있다. 내 글에 대해 읽는 사람이 생겨나고 반응이 오기 시작한다면, 글쓰기에 더 재미가 붙기 마련이다. 누가 보든 말든 꾸준히 써 보자.

매일 일기를 써 보는 것도 좋은 방법이다. 특별한 주제나 글감 찾는 스트레스를 줄이고 혼자 보는 글이기 때문에 시작할 때 부담도 적다. 익숙해지고 습관이 된다면 소셜 네트워크 세상에 나를 나타내는 글을 써 보기를 강권한다. 생각하는 글쓰기가 습관이 된다면, 나라는 브랜드가 완성되고 나만의 브랜드 이미지가 생성되기 때문이다.

기록하기

지속 가능한 성장을 위해 중요한 건 바로 '기록하기'다. 우리는 하루에도 수많은 생각과 아이디어를 떠올리지만, 기록하지 않고 지나쳐 버려 얼마나 많은 좋은 아이디어가 잊히고 사라졌는지조차 알 수 없다. 기본적인 시간 관리 역시 마찬가지다. 아무리 머릿속으로 철저히 계획을 세웠다고 하더라도 스케줄을 세세히 기록하지 않으면 밀도 있고 알찬 하루를 보내기가 쉽지 않다. 사소한 일이라도 메모지에 간단히 기록하는 습관을 들이고, 갑자기 좋은 아이디어나 영감이 떠오를 때는 휴대폰에 짧게라도 메모하는 습관을 갖자. 노션이나 구글 플래너 같은 편리한 디지털 앱을 적극 활용하는 것도 좋다.

기록은 작은 습관이지만, 그 안에서 다양한 아이디어가 싹트고 성장한다. 작은 기록들이 쌓이면 어느새 자신만의 독특한 콘텐츠로 발전하게 된다. 지속적인 기록을 통해 정보를 정리하고 분석하는 능력도 함께 키워지며, 이는 블로그 글이나 유튜브 영상 제작과 같은 구체적인 시나리오로 확장할 수 있다. 작은 기록에서 시작하여 꾸준히 습관을 유지하다 보면 생각의 깊이가 확장되고 뇌가 깨어나며 창의성의 폭이 상상 이상으로 넓어진다. 자신이 무엇을 좋아하고 어떤 분야에 관심이 있는지, 작지만 의미 있는 기록을 통해 하나씩 발견해 나가자.

지속적으로 성장하기 위한 독서, 글쓰기, 기록하기에 합류하게 될 여러분! 환영합니다.

10 분 생각 — 노트

• 짧게 기록해 보는 연습을 도와줄 질문들(2~3줄 정도씩 기록해 보자.)

1. 오늘의 주요 목표는 무엇이었는가?
2. 오늘의 가장 큰 성취는 무엇이었는가?
3. 오늘 무엇을 배웠는가?
4. 오늘 감사한 일은 무엇이었나?
5. 오늘 내가 개선할 점은 무엇인가?
6. 오늘의 가장 큰 도전은 무엇이었나?
7. 내가 읽은 책을 실제로 어떻게 활용했는가?

8. 글쓰기가 내 성장에 어떤 도움을 주었는지 되돌아보자.

9. 책을 꾸준히 읽기 위해 내가 실천할 방법은 무엇인가?

10. SNS에서 내 생각을 어떻게 효과적으로 표현할 수 있을까?

11. 아이디어나 감정을 기록하는 습관을 들인다면, 나에게 어떠한 긍정적인 영
   향을 준다고 생각하는가?

3.3 전문성을 강화하기 위해 전문가에게 도움 청하기

"자신이 잘 모르는 일에 대해 전문가의 조언을 구하는 것은, 성공으로 가는 가장 빠른 길이다."

- 알프레드 나이트

처음부터 전문성을 가진 사람은 없다. 지금까지 이 책에서 배운 대로 롤 모델을 따라 하거나 전문가들이 걸어온 길을 참고하고 비교해 가면서 점진적으로 전문성을 강화할 수 있다. 하지만 자신이 알고 있는 범주 안에서 해결책이 나오지 않을 때, 전문가의 도움이나 고용을 꺼리지 말아야 할 것이다.

도움 청하길 두려워하지 말라

경쟁력이 있으려면 다른 사람보다 문제 해결 능력이나 자기 주도 능력이 뛰어나야 하는데 방법이나 전략 부분에서 혼자 해결하기는 힘든 상황에 직면할 때가 있다. 이럴 땐 적극적으로 도움을 청하는 것을 두려워하지 말자. 강의를 해봐도 한국 사람들은 질문하질 않는다. 물어보면 도움을 주고 싶은데 묻지 않는다는 말이다. 해결할 방법을 알려줄 사람이 옆에 있어도 묻지 않고 침묵한다. 안타까운 현실이다.

질문하거나 도움을 청할 수 있는 사람은 가까운 곳에서 찾을 수 있다. 팀 리더나 상급자 또는 동료들과의 관계 속에서 어려움을 숨기지 말고, 도움을 구하면 해결하는 방법의 소스를 얻을 수 있을 것이다. 만약 상황상 잘되지 않는다면 관련 분야 전문가에게 도움을 구할 수도 있다. 개인 SNS에서 다양한 직군의 사람들이 활동하고 있기 때문이다.

용기 내어 질문하기

기본적으로 활발히 SNS에 노출된 사람들의 특징은 좋은 정보를 주거나 사람들과의 긍정적인 관계성을 즐긴다고 생각하면 된다. 댓글이나 DM으로 직무 관련 질문을 할 수도 있다. 물론 답장을 안 해주는 사람도 있겠지만, 전문가로서 사람들에게 이름을 알린 사람들은 반드시 도움 되는 의미 있는 이야기를 해줄 수 있다. 운이 좋다면 멘토와 멘티로 연결될 수도 있다. 창업이나 영업 관련한 인플루언서도 있으므로 궁금증을 해결할 방법들을 찾을 수 있을 것이다.

또한 이런 질문들을 콘텐츠화해서 영상이나 글로 만들기도 한다. 관련된 책이 있다면 저자의 이메일이나 인스타그램 주소가 나와 있는데, 관심만 있다면 물어볼 수 있다. 거절이 두려워 포기하고 침묵할 이유는 어디에도 없다. 밑져야 본전이다. 챗GPT나 다양한 사람들의 생각과 지혜를 기록해 놓은 블로그에서도 적용할 만한 해결책을 찾을 수 있으니 도움이 될 수 있는 모든 것들을 활용해 보자.

《세상을 공부하다》의 우태영 작가는 고등학교 유학 시절, 전교생 연락처를 모아둔 책을 우연히 보게 되었다. 학교에 필요한 강연자를 찾다가 수백 명의 학생 중 대기업에 종사하는 부모님이 한 명은 있을 거라는 생각에서였다.

여기서 친구의 아버지가 그 당시 애플 글로벌 마케팅 총괄 수석 부사장이던 필 실러(Phil Schiller)라는 사실을 알게 되고, 학교에 초대해서 강연을 부탁한 적이 있다. 일반 부모님도 아닌 다국적 기업 애플의 부사장한테 도움을 청한다는 게 쉽지 않았지만, 용기를 낸 도전으로 필 실러는 학교에 방문해 직접 강연해 주었다. 그는 많은 영감과 인사이트를 얻는 것을 넘어 직업군 자체를 그 분야로 선택하게 되었다.

가보지 않은 길은 언제나 두렵고 낯설다. 먼저 가보거나 이미 그 길의 전문가인 사람들이 있다면 도움 청하기를 두려워하지 말고, 물어보기를 바란다. 용기 내어 물어본 한 질문이 여러분의 인생을 달라지게 해줄 one thing이 될 수 있다.

애플은 스티브 잡스 혼자 만든 게 아니다

무엇보다도 이 책은 마케팅을 기본으로 하는 책이므로 기업 사례를 소개해 보고자 한다. 마케팅 용어에 '대체제(品)'라는 말이 있다. 이것은 두 가지 의미로 사용할 수 있는 단어다. 자회사의 제품보다 훌륭해서 소비자가 다른 브랜드의 대체제를 선택하거나, 지금 가지고 있는 제품을 대체할 만한 제품을 연구할 때도 사용된다. 물론 대체 불가능한 브랜딩이 되어야 경쟁력 있고 차별화된 사람이 될 수 있다. 하지만 인력적으로 기술적인 부분에서 자기가 할 수 없는 일에는 필요한 전문가인 대체인력을 적시 적소에 기용하는 것이 전문성 강화에 도움이 된다.

애플은 초기 제품 개발 과정에서 디자인 전문가인 조너선 아이브(Jonathan Ive)를 고용하였다. 아이패드와 아이폰을 디자인한 전문가로 유명하다. 그는 혁신적이면서도 단순하고 사용하기 쉬운 사용자 경험을 위한 디자인을 만들었다. 애플에 기능의 혁신에 그치지 않고 디자인에도 경쟁 브랜드와는 다른 특별한 차별점을 선사해 준 인물이다.

스티브 잡스가 애플의 모든 걸 총괄했을지는 모르지만, 그는 적시 적소에 인재를 등용하는 지혜가 있었다. 디자인뿐만 아니라 기술 전문가들의 조언을 받아 소프트웨어와 하드웨어를 최적화하는 데 성공했다.

도시락을 잘 만들어야 도시락 사업을 하는 것이 아니다

앞에서 이미 이야기한 켈리 최 회장. 그녀는 프랑스에서 도시락 회사를 시작하기 전, 일본의 초밥 대가 야마모토 씨에게 여러 차례 도움을 줄 것을 요청했다. 그녀는 사업가로, 도시락을 잘 만드는 사람은 아니기 때문이다. 은퇴할 나이가 된 야마모토 씨는 여러 번 거절했지만, 켈리 회장은 삼고초려의 마음으로 포기하지 않고, 맛있는 도시락을 만들 수 있는 비법 전수를 부탁했다. 결국 야마모토 씨의 도움으로 그녀의 사업은 초반부터 성장할 수 있는 제품의 보장된 퀄리티를 만들어 내게 되었다.

만약 켈리 최 회장이 직접 도시락 장인이 되어 가면서 사업을 진행했다면 빠른 속도로 성장할 수 없었을 것이고, 시행착오를 겪느라 시간과 에너지를 많이 낭비했을 것이다. 아마 지금까지 사업을 시작할 수 없었을지도 모른다.

완벽한 전문가가 되어서 일하려고 하지 말고, 문제 해결이 가능한 전략의 일환인 전문가의 도움 받기로 의식을 바꿔보자. 내가 다해야 하고, 할 수 있다는 굳은 생각을 버리자. 나의 부족한 점을 채워나가는 시간도 소중하지만, 중요한 부분에서는 전문가의 도움을 구하는 것이 더 지혜롭다.

10분 생각 ── 노트 ✏️

1. 내가 전문가의 도움을 받았던 순간은 언제였고, 그때 어떤 결과가 있었나?

2. 왜 나는 도움을 청하는 것에 대해 주저하는 걸까?

3. SNS나 네트워크를 활용해 전문가에게 접근할 때, 어떤 방식이 효과적일까?

4. 내 분야에서 협업할 전문가를 찾기 위한 첫걸음은 무엇일까?

5. 부족한 부분을 채우기 위해 전문가의 도움을 받는 것을 어떻게 실천할 수 있을까?

3.4 취업 준비를 위한 핵심 역량 개발

"정보를 찾는 일은 중요한 일이지만,
그 정보가 실제로 우리에게 의미 있는지
판단하는 것이 더 중요하다."
- 찰스 다윈

의미 있는 정보 빠르게 찾기

취업 준비를 위한 핵심 역량을 위해서는 꼭 필요한 정보를 빠르게 찾는 능력이 중요하다. 사람들은 일반적으로 이렇게 생각한다. '내가 좋아하고 잘하는 일에 접근해 보자! 그냥 나는 잘 준비해서 잘하면 돼. 잘하다 보면 인정받고 성공할 수 있을 거야.' 무조건 열심히만 한다고 되는 시대가 아니다. 일 또는 거래에서 '줄 수 있는 게 명확하게 있어야 받을 수 있다'가 시장의 거래 원리다. 최고의 퍼포먼스에 비례해서 수익을 얻고 인정을 받게 되는 것이다.

원하는 걸 주려면 회사나 관계에서 원하는 게 뭔지 정확히 알아야 한다. 단순히 지원 자격에 준하는 자격을 만드는 것은 물론이고, 원하는 회사나 학교에서 진행하는 프로그램이나 인턴십 같은 것도 적극적으로 지원하고 참석해 봐야 한다. 공기업이나 사기업 또는 정부에서 하는 공모전이나 이벤트 지원을 하다 보면, 원하는 인재상에 대한 그림이 그려지고 누가 말해주지 않아도 필요한 부분을 채울 수 있는 유익한 경험이나 관계를 쌓을 기회가 주어질 것이다.

시간이 되면 지원해 본다는 생각은 옳지 않다.

이를테면 일주일에 한 번, 한 달에 2번 요일과 시간을 정해서 지원하고 싶은 기업이나 공모전과 관련된 사이트에 주기적으로 방문해야 한다. 이 세상은 정보를 가진 자와 가지지 않은 자로 구분할 수 있는 정도인데, 준비되어 있으면서도 빠르게 정보를 입수하는 성실함이 필요하다. 지원할 수 있는 새로운 정보가 업로드되어 있다고 해도 자신이 알지 못하거나 이미 날짜가 지난 공고라면 소중한 기회들을 놓치게 된다는 사실을 잊지 말자.

정보를 평가하고 선택하는 안목 기르기

취업 준비 과정에서 빠르게 정보를 찾는 것만큼이나 중요한 능력이 있다. 바로 찾아낸 정보를 평가하고, 자기에게 맞는 정보를 선택하는 안목을 키우는 것이다. 취업 정보는 넘쳐나지만, 그중 정말 나에게 필요하고 유익한 정보는 그리 많지 않다. 무작정 많이 찾아본다고 해서 반드시 좋은 결과를 얻는 것도 아니다. 빠르게 찾은 정보 중에서도 어떤 정보가 나의 상황과 목표에 부합하는지, 어떤 기회가 나에게 실질적인 도움이 될지 선별하는 것이 더욱 중요하다.

예를 들어, 같은 회사의 채용 공고라고 해도 그 회사가 현재 어떤 역량을 가장 중요하게 생각하는지, 과거 채용 사례나 실제 합격자들이 가진 공통적인 특징은 무엇인지까지 분석하는 자세가 필요하다. 단순히 자격 조건을 맞추는 것을 넘어, 회사가 원하는 인재상이 나와 얼마나 잘 맞는지를 스스로 객관적으로 판단할 수 있어야 한다.

이를 위해 평소 지원하고자 하는 기업과 관련된 뉴스나 발표 자료, 최근 업계 동향에 대한 정보를 주기적으로 읽고 분석하는 습관을 지니면 좋다. 이런 습관은 내가 선택하는 정보의 질을 높여 주고, 궁극적으로는 나의 취업 경쟁력을 더욱 강화해 준다.

빠르게 정보를 찾고, 더 나아가 그 정보가 나에게 의미 있는지 정확히 판단하는 능력을 키워나갈 때, 비로소 준비된 상태에서 찾아오는 기회를 확실하게 잡을 수 있다.

준비되어 있다면 기회는 온다

준비는 100%의 완벽한 준비를 의미하는 것이 아니다. 사람들은 완벽하게 되지 않으면 잘 못 한다고 생각한다. 하지만 잘하는 부분에 대해 계속 공부한다면 완벽하지 않아도 기회가 올 때 잡을 수 있다. 마케팅 강의를 수강했던 학생 중 발표도 잘하고, PPT 자료를 수준급으로 만드는 여학생이 있었다. 졸업 예정이었는데 이미지 만드는 것이나 드로잉까지 다양한 컴퓨터 프로그램을 배우기 위해 계속 학원에 다닌다고 했다.

그녀는 마케팅 분야를 희망했다. 발표하거나 정리된 자료를 브리핑하는 일들이 비일비재할 텐데, 더 노력하고 준비하는 모습을 보고 놀랐다. 지망하는 곳에서 원하는 것을 더 잘할 수 있도록 준비하는 모습이 있다면, 어떤 기회든 왔을 때 쉽게 잡을 수 있다. 왜 잘 안되는지 세상을 탓하지 말고, 필요한 준비를 꾸준하게 전략적으로 해보자.

10분 생각 노트

1. 취업을 준비하면서 빠르게 정보를 찾기 위해 어떤 방법을 실천할 수 있을까?
2. 단기간에 집중해서 취업을 준비하기 위해 나만의 계획은 무엇인가?
3. 완벽하지 않더라도 준비되어 있으면 기회를 잡을 수 있는 이유는 무엇일까?
4. '무조건 열심히 하는 것'이 취업에 도움이 되지 않는 이유는 무엇인가?
5. 취업 준비 중 경험을 쌓기 위해 내가 시도해 볼 수 있는 활동은 무엇인가?

6. 취업 준비를 위해 스펙 외에 어떤 부분을 강화해야 할까?

7. 취업을 위한 동기부여를 유지하기 위해 나는 어떤 방법을 사용할 수 있을까?

8. 취업에 필요한 정보와 기회를 놓치지 않기 위해 나는 어떤 습관을 만들어야 할까?

나의 가치를 마케팅하라

3.5 성장할 수 있는 나만의 R&D 계획

"자신을 개발하고 연구하는 것은 성공을
위한 가장 중요한 투자이다."
- 알베르트 아인슈타인

R&D는 '연구와 개발(Research and Development)'을 의미하는데, 기업에서 가장 중요한 부분이다. 연구 개발에서 좋은 성과가 나와야 제품으로 또는 서비스로 연결되어 소비자 앞에 선보이게 된다. 모든 영역에서 같은 조사 방법을 사용하지 않지만, 연구 방향이 소비자 지향적일 때 개발에서 좋은 성과를 만들어 낼 수 있다.

연구 조사 방법은 시장조사, 실험적 연구, 경쟁사나 업계 벤치마킹, 고객 피드백, 인터넷이나 소셜 미디어 분석 등으로 구분해 볼수 있다.

기업에서 브랜드를 만들 때 기본적인 시작은 연구와 개발이다.

벤치마킹하기

네이버 지식백과에 나오는 '벤치마킹'의 뜻은 개인, 기업, 정부 등 다양한 경제주체가 자신의 성과를 제고하기 위해 참고할 만한 가치가 있는 대상이나 사례를 정하고 비교 분석을 통해 필요한 전략 또는 교훈을 찾아보려는 행위를 말한다.

기업을 예로 든다면 커피숍 문화가 전무했던 국내 커피 시장에 스타벅스를 벤치마킹하는 것은 핵심 가치인 커피 맛뿐만 아니라 고객 경험 중시, 매장 분위기, 고객 맞춤형 서비스 등을 도입해서 경쟁력을 확보하게 된다.

신세계 이마트는 미국의 유명 대형 마트이자 유통 강자인 월마트를 벤치마킹했다. 매장 운영 방법부터 가격전략, 물류 시스템, 고객서비스 등 월마트의 성공 사례를 분석하여 자신의 비즈니스 모델에 맞게 적용했다.

벤치마킹은 단순히 모방이나 관찰에서 끝나는 것이 아니라 우수한 사람이나 기업을 분석해서 문제 해결력을 높이거나 벤치마킹을 통해 새로운 아이디어와 혁신을 끌어낼 수 있다. 이제 기업에서의 벤치마킹이 아닌, 개인의 벤치마킹 사례를 살펴보자.

한국을 대표했던 골프선수 박인비는 본인의 퍼트가 만족스럽지 않거나 리듬을 잃었을 때 미야자토(일본) 선수의 퍼팅 스트로크나 리듬을 참고한다고 말했다. 우수한 선수 또한 자기의 장점을 더 강화하기 위해 뛰어난 선수를 벤치마킹하는 것이다. 상대방의 장점을 벤치마킹하는 것은 자기 발전의 중요한 과정이다.

나도 책을 집필하고 강의하면서 벤치마킹한 분들이 있다. 수십 년 동안 학생들을 가르쳐 온 조벽 교수님(《강의의 정석》)이나 최재천 교수님(《최재천의 공부》)의 책을 읽고, 강의 영상을 보며 수업에 적용해 보고자 노력하고 있다. 따라 하지만 기본 본질은 따르되 나만의 스타일에 맞도록 맞춰나가는 시간이 필요하다.

환경 설정하기

어떤 습관을 일상에서 자연스럽게 지속하려면, 그것을 쉽게 떠올리고 실천할 수 있는 환경을 만드는 것이 중요하다. 자주 접하는 환경이나 공간은 우리의 행동과 밀접하게 연결되기 때문이다. 예를 들어, 집에서는 쉬고 휴식을 취하는 것이 익숙하지만, 카페에서는 책을 읽거나 공부하는 등 생산적인 일이 더 쉽다. 그 공간이 가진 분위기나 내가 가진 느낌이 특정 행동과 연결되기 때문이다.

습관을 들이고 싶다면 그 행동과 연관된 사물이나 신호를 눈에 잘 띄게 놓아두는 것도 좋은 방법이다. 나는 수업자료를 만들거나 글을 쓰려고 책상에 앉으면 가장 하기 싫은 것부터 시작해서 빨리 끝낸다. 하기 싫은 일을 계속 미루면 다른 일을 하면서도 일이 쌓여 있다는 기분이 들어서 환경 설정을 그렇게 했다.

매일 먹어야 하는 영양제를 정수기 옆에 두면 자연스럽게 물을 마실 때마다 기억할 수 있고, 환경 설정으로 다이어트 중인데 탄산을 먹고 싶다면 코카콜라 대신 제로 콜라를 사놓거나 플레인 맛을 먹을 수 있게 보이는 곳에 두는 것도 좋다.

이러한 원리를 잘 활용하는 사례로 여자 연예인들이 하는 방법인데, 아침 운동이 힘든 사람들이 아예 운동복을 입고 자거나, 눈을 뜨자마자 바로 운동화를 신는 방법이 있다. 이런 간단한 행동이 운동이라는 습관을 더 쉽게 만들어 준다.

막연한 결심보다는 환경 자체를 전략적으로 꾸미는 것이 더 효과적이다. 만약 공부해야 할 것이 많다면 중요한 과제를 책상 위에 가장 먼저 놓고, 책상에 앉자마자 그것부터 시작하는 습관을 들이면 좋다. 집중이 잘 되는 특정한 장소가 있다면, 그곳을 나만의 공부 공간으로 설정해서 앉는 순간 바로 몰입할 수 있도록 해보자.

파레토 법칙

상위 20%가 전체 생산의 80%를 해낸다는 법칙이 파레토 법칙이다. 파레토 법칙에 맞게 일하기 위해서는 20%의 업무나 과업에 선택하고 집중해야 한다. 일상에서 효율적으로 시간을 활용하기 위해서는 중요한 20% 활동에 집중하여 우선순위를 정해 해결하고, 그 외의 불필요한 활동은 줄이는 것이 좋다. 이는 시간과 자원 낭비를 줄이고 핵심적인 결과를 극대화할 수 있다. 나에게 가장 중요한 20%에 집중하자!

선택과 집중이란 단어들에 대해 생각해 보자. 어떤 걸 선택하고 어떻게 집중해 나갈지, 전략적으로 접근하자.

10분 생각 노트

1. 벤치마킹을 통해 나의 발전을 끌어낼 수 있는 분야는 무엇인가?
2. 좋은 환경 설정을 통해 나의 습관을 긍정적으로 변화시키는 방법은 무엇인가?
3. 파레토 법칙을 적용해 내 일상에서 중요한 20%의 활동을 어떻게 찾을 수 있을까?
4. 연구와 개발을 위해 나는 어떤 정보를 어떻게 빠르게 찾아내야 할까?
5. 벤치마킹을 통해 얻은 교훈을 내 삶이나 직장에서 어떻게 적용할 수 있을까?

3.6 다양한 분야에서 나를 홍보할 방법

"기회는 우연히 오는 것이 아니다.
그것은 내가 만든다."
- 크리스 그로서

목표시장을 설정하라

마케팅에서는 여러 가지 비즈니스 모델이 존재하는데 이는 주로 거래 주체와 거래 방식에 따라 구분된다. 다양한 분야에 대한 정의를 뭉뚱그린다면 개인, 기업, 정부 등으로 나눌 수 있을 것 같다. 함께 일하거나 취업하고 싶은 곳으로 생각할 수도 있고, 협업을 통해 새로운 수익의 파이프라인을 구축할 수도 있다. 이를 위해서는 목표시장에 대한 방향성이 중요하다.

B2C(Business to Consumer) 모델은 흔히 기업이 소비자에게 직접 상품이나 서비스를 판매하는 모델, 간단히 말하면 주로 소매업에서 이루어지며, 소비자가 직접 기업의 제품이나 서비스를 구입한다.

목표 소비자군이 어디에 존재하는지 설정해 보자. B2B(Business to Business) 모델은 기업 간의 거래이다. B2G(Business to Government), C2G(Consumer to Government) 모델은 정부와의 거래로 설명할 수 있는데, 나라에서 하는 다양한 지원이나 협조도 자신을 홍보하는 과정에 필요할 수 있다.

여기서 생각을 조금 전환해 보면, 작은 사업이나 콘텐츠를 가진 경우 B는 우리가 생각하는 기업으로 정의하고, Business를 개인으로 생각하면 1인 기업이자, 아이디어를 가진 내가 될 수 있다. 내가 직접 하는 상업 또는 1인 비즈니스가 개인 고객을 향한 것인지, 사업 대 사업으로 홍보해야 하는 것인지를 먼저 설정하는 것이 좋다. 요즘은 정부에서 하는 활발한 지원이나 활동들을 목표로 나만의 사업을 홍보할 수도 있다.

제안서 만들기

유명 기업가이자 스타트업 관련 분야에서 활동하는 크리스 그로서(Chris Grosser). 그는 "기회는 우연히 오는 것이 아니라 그것은 내가 만든다"라고 언급했다. 기회는 준비와 행동을 통해 창출되어야 한다는 메시지이다.

예를 들어 목표시장이 개인인지 기업인지 아니면 정부나 국제단체라면 나를 적극적으로 홍보하기 위한 제안서를 만들 수 있다. 기술이 발달한 시대에 제안서를 회사 대표 이메일이나 정부 담당자에게 보내는 것은 어렵지 않다. 조금만 검색해 보면 담당자들 전화번호나 이메일 주소 또는 회사의 홈페이지에 이메일 주소 정도는 나와 있다.

거절이 두려운가? 그렇다고 할지라도 홍보할 가치가 있다면 주저하지 말고 보내야 한다. 반드시 취업하기 위해서라기보다 협업할 수 있는 분야에 적극적으로 함께할 수 있는 일을 제안한다면 기회를 만들어 낼 수 있다.

제안서는 내가 하고 싶은 것보다 고객 맞춤화로 제안해야 한다. 제안서를 받는 대상의 문제 해결이나 필요한 부분을 해결해 줄 수 있는 제안서라야만 목표시장에서 좋은 조건을 제시할 가능성이 높다.

그래서 목표시장에 대한 분석과 관심은 필수적이다. 알아야 접근할 수 있고, 맞춰서 준비할 수 있다.

SNS 기록하기

생각노트(@think_note_)는 공간과 제품, 서비스를 돋보이게 만드는 디테일을 관찰하고 기록하며 콘텐츠를 만든다. 그는 주장한다. 생각을 기록하고 읽히는 콘텐츠로 만들면 삶의 새로운 가능성이 열리는 시대라고. 누구에게나 스치는 생각이 있지만, 그것을 콘텐츠로 바꾸는 것은 작은 차이라고 말이다. 혼자 생각하고 나는 이런 사람이야, 라고 끝내지 말고, SNS에 올리는 것을 두려워하지 말자.

그는 이런 기록들로 책을 쓰고 베스트셀러 작가가 되었다. SNS의 기록은 결국 차별화된 브랜드 아이덴티티를 표현해 주기도 한다. 결국 이 기록은 나를 홍보해 줄 포트폴리오가 된다.

지극히 개인적인 것 같아도 전문성과 차별점을 가진 기록들이 일로 자연스럽게 연결될 때가 있다. 혼자 노트에 쓰는 것에 그치지 말고, 다양한 SNS 애플리케이션을 적극적으로 활용해서 기록해 보기 바란다. 하다 보면 저절로 홍보된다. 자필로 써 내려간 노트는 보는 사람이 자신뿐이지만, 진실한 SNS의 기록은 불특정 다수가 보고 있기 때문이다. 미처 생각하지 않은 시장에 저절로 홍보될 수 있다. 지속 가능한 성장의 비밀에서 나온 꾸준한 책 읽기, 글쓰기, 기록하기는 결국 나를 알리는 핵심이 되어 줄 것이다.

광주 북구의 한 치킨 가게에서는 매일 튀김기를 청소해 SNS 인증을 했는데, '깨끗한 치킨집'이라는 이미지로 입소문을 타고 매출이 3배 이상 올랐다. 청결에 진심인 모습을 기록했을 뿐인데 매출에 큰 영향을 주게 된 것이다. SBS 〈생활의 달인〉 출연으로 TV 광고 효과까지 톡톡히 누리게 됐다. 성실하게 기본에 충실한 청소를 매일 했다고 하지만, SNS에 올리지 않았다면 가게를 홍보할 기회는 오지 않았을 것이다.

코리아 그랜마의 상징, 박막례 할머니는 초기 치매일 수 있다는 말에 음식점을 정리하고 은퇴를 선언한다. 이후 손녀딸과 간 호주 여행 기록이 100만 뷰가 넘게 되면서 어느 날 갑자기 70대 인플루언서가 되었다. 명랑한 한국 할머니의 매력은 전 세계 많은 팬을 사로잡았다. 그 후 박막례 할머니는 인스타그램이나 구글 회장과 만날 정도로 영향력을 가진 유명 인플루언서로 성장하였다. 또한 오랜 요리 경력을 발판으로 많은 요리 레시피 관련 콘텐츠를 발행하고 기록했다(물론 손녀가). 식품업체들과의 협업으로 이어져 김치나 떡볶이를 출시하게 되는데, 반응이 좋다 보니 최근엔 홈쇼핑 브랜드 GS SHOP과 푸짐한 소곱창전골까지 런칭했다.

기록들이 쌓이며 예상치 못했던 사업이나 그의 발전으로 이어질 수 있다는 점을 잊지 말자.

10분 생각 ─ 노트 ✏️

1. 내 목표시장을 설정하기 위해 어떤 기준으로 타겟을 정할 수 있을까?

2. 제안서를 작성할 때 나의 아이디어를 고객 맞춤형으로 어떻게 바꿔야 할까?

3. SNS를 활용하여 나를 홍보할 때, 어떤 콘텐츠를 올리는 것이 효과적일까?

4. 제안서를 통해 나를 홍보하는 과정에서 가장 중요한 점은 무엇인가?

5. SNS에서 기록이 나의 브랜드 아이덴티티를 강화하는 데 어떻게 기여할 수 있을까?

3.7 공부와 경험을 통해 완성하는 나

"우리가 할 수 있는 가장 좋은 일은 배우고, 경험하며,
계속해서 성장하는 것이다."
- 존 맥스웰

나를 완성해 가는 방법, 나를 만들어 가는 방법에는 어떤 것들이
있을까? 이번엔 학습과 경험을 통해 완성되어 가는 나를 주제로 함
께 이야기하고 싶다.

어떤 순간에도 후회 없는 삶을 사는 방법은 오직 공부뿐이라고
주장하는 학자가 있다. 일본 메이지대학 시이토 다카시 교수다. 그
는 《내가 공부하는 이유》에서 인생을 바꿀 수 있는 평생 공부법에
관해 이야기한다. 사람들은 누구나 자기 생각이 가장 옳다고 생각
하고, 최선의 선택을 한다. 그것이 자기 기준에서는 완벽이고 완전
이다. 그런 편견들이 때론 자기 모습을 긍정적으로 바라보고 신념
대로 살아가도록 하는 힘이 되기도 하지만, 이 '긍정'이 밖으로 열
리지 않았다면, 자기 성에 갇혀 성장의 여지가 없어진다.

공부하면 할수록 자신이 부족하다는 것을 인정하고 배우고자 하

는 열망이 생긴다. 닫힌 귀가 아닌 열린 귀가 된다. 사고력도 좋아지고 문제 해결 능력도 좋아져 다양한 방법을 융통성 있게 생각해내게 된다. 문제 해결 능력이 좋아지면 자기 주도성이 강해진다. 어려워하지 않고 시도하게 된다. 진짜 배우기를 즐기는 사람은 겸손하다. 겸손한 자신감이라고 해야 하나? 역설적인 단어 같지만 건강한 자신감과 진짜 겸손을 겸비하는 건 꾸준히 배운 사람들이 갖게되는 공통점이 아닐까? 내면이 단단해지는 과정 안에 쉽게 흔들리지 않고, 하지만 늘 배우려는 마음으로 살기 때문에 겸손하고 바르다.

시작은 어렵지만 할수록 쉬워지는 공부

공부를 좋아하는 사람을 보면 신기하지 않은가? 나도 그랬다. 오래 앉아서 하루 종일 공부해도 크게 눈에 띄게 많이 한 것 같지 않은데, 그래서 지루하기도 하다. 변화가 바로바로 보이지 않는 게 배우는 것이다. 그래서 하기 힘들다. 식물에 물을 준다고 며칠 후 바로 자라지 않는다. 물은 흘러 다 내려가 버린 것 같지만, 성장할 수 있는 수분을 충분히 머금게 해주었다. 공부와 학습은 그런 맥락이다.

눈에 보이지 않아 초반엔 티가 나지 않는다. 결국 성장하는 힘은 나를 꾸준히 쌓아갈 때 이루어진다. 학습은 복리이자 같은 건데, 처음엔 이자가 더디게 붙다가 어느 정도 금액이 커지면 그 속도가 아주 빨라지게 된다. 복리를 보통 산 위에서 눈덩이 굴리기라고 설명하는데, 작은 공 같은 눈덩이가 구르면 구를수록 빠른 속도로 기하급수적으로 커진다.

시이토 다카시 교수는 반복되는 일상이 주는 달콤함과 편안함을 경계하라고 경고한다. 세상에 쓸모없는 공부는 없고, 써먹지 못할 공부도 없다. 어떤 공부든 시작하라. 인문학이든 어학 공부든 즐기면서 꾸준히 하다 보면 생각지도 않은 비슷한 분야의 사람을 만나게 된다. 이를 계기로 예상하지 못한 방향으로 인생이 활짝 펼쳐지게 될 것이다.

어느 날, 그 분야의 전문가가 될 수도 있다. 나에게도 계속 포기하지 않고 공부해서 여러분 앞에서 책을 쓸 수 있다는 놀라운 일이 벌어지고 있다. 오랫동안 꿈꿔 왔지만 현실이 될 거라고는 생각하지 못했다. 포기하지 않고 계속 공부한 것이 지금의 자리까지 오게 해줬다. 더 좋은 글을 쓰고 더 좋은 강의를 하고 싶어서 지금도 공부하고 배운다. 어제보다 조금 성장한 나의 모습을 상상한다면, 즐기면서 공부하는 방법이 가장 최선일 것이다.

경험은 열정을 발견하고 키울 수 있는 시작점

자기 계발서의 베스트셀러, 앤절라 더크워스의 《그릿(GRIT)》에는

'열정은 발견하고 키우는 것'이라는 내용이 있다. 열정을 어떻게 발견할까? 발견은 어떤 것을 처음으로 알게 되거나 찾아내는 것을 의미하는데 과학적 발견, 지리적 발견, 개인적 발견 등으로 나뉠 수 있다. 잘 모르고 있다거나 의식하지 못한 부분은 경험을 통해 개인적 발견을 하게 되어 있다. 열정을 발견할 수 있는 전 단계는 경험을 통해서다.

집에 가만히 앉아 있으면 열정을 뽑고 싶은 곳을 찾을 수 없다. 다양한 사람을 만나고 다양하게 경험함으로써 우린 열정이 생기는 그 접점을 만나게 된다. 그 경험을 발판으로 스스로 만들어 가게될 것이다. 만약 누가 "저는 무기력하고, 하고 싶은 일도 별로 없어요"라고 말한다면, 밖으로 나가서 일거리를 만들라고 이야기해 준다. 아무것도 안 하고 있으면서 무슨 일이 일어나길 바라는가? 열정이 없다고 말하지 말고, 자신의 관심과 열정을 촉발해 줄 경험을 하는 데 집중해 보자.

밀라노에서 방문한 카페

스타벅스의 초대 CEO 하워드 슐츠는 이탈리아 밀라노에서 커피 문화를 접하고 스타벅스를 세계적인 기업으로 키웠다. 그는 여행 중 잠시 들른 밀라노 카페 문화에 순간 매료됐고, 어떻게 하면 사업화할 수 있을지 고민을 시작하게 됐다. 스타벅스를 단순 원두 판매점에 그치지 않고 특별한 카페 문화를 접할 수 있는 브랜드로 성장시킬 수 있는 계기가 된 것이다.

그의 자서전을 보면 밀라노의 카페는 단순히 커피를 마시는 장소가 아니라 사람들이 소통하고, 시간을 보내며, 커피를 즐기는 문화공간이라는 점에 큰 영감을 얻었다. 그 경험을 통해 스타벅스를 고품질 커피를 즐길 수 있는 카페이자 사람들에게 가치 있는 경험을 제공해 주는 공간으로 스타벅스 철학을 강화했다. 잠시 다녀온 여행이, 틈날 때 시작했던 취미와 같은 경험들이 그리고 꾸준히 하는 배움이 자신을 성장시켜 주고 만들어 줄 수 있는 계기가 될 수 있다는 사실을 잊지 말자.

10 분 생각 노트 🖍

1. 학습과 경험을 통해 나를 성장시키는 가장 중요한 방법은 무엇인가?
2. 공부를 통해 얻을 수 있는 '겸손한 자신감'은 어떻게 형성될 수 있을까?
3. 공부가 처음에는 어렵지만 시간이 지나면서 어떻게 효과를 발휘하는지, 그 과정을 설명해 보자.
4. 경험을 통해 열정을 발견하려면 어떤 활동을 시작하는 것이 좋을까?

5. 《내가 공부하는 이유》에서 말하는 공부의 진정한 가치는 무엇인가?

6. 꾸준히 공부하는 것이 나의 삶에 어떻게 긍정적인 변화를 불러올 수 있을까?

7. 열정을 발견하려면 단순히 공부나 학습뿐만 아니라 어떤 종류의 경험이 중요한가?

04

**관리하지 않으면 사라진다:
시간, 재정,
에너지의 균형잡기**

4.1 시간 관리의 기본: 중요한 것부터 정리하기

"시간이 부족하다고 느낄 때, 가장 중요한 일에
집중하는 것이
시간 관리를 잘하는 방법이다."
- 피터 드러커

시간 관리의 장단점

사람들은 시간 관리에 실패하는 이유가 거창한 계획을 세우는 것에서 비롯된다고 생각하지 않는다. 실제로는 작고 꾸준한 습관의 부족이 문제다. 이를 실천하지 않으면 몇 가지 부정적인 결과가 따른다.

첫째, 지속적인 스트레스를 받게 된다. 명확한 일정이나 우선순위 없이 일하다 보면 끊임없이 긴장하고 불안감을 느낀다. 작은 습관으로 하루의 계획을 정리하는 것만으로도 스트레스가 줄어든다.

둘째, 자기 발전의 기회를 놓친다. 시간 관리를 못 하면 자기 계발을 위한 공부나 취미 활동의 시간을 확보하기 어렵다. 꾸준히 작은 시간이라도 투자하는 습관이 필요하다.

셋째, 관계에서 어려움을 겪는다. 약속에 늦거나 마감 기한을 지키지 못하면 타인과의 관계에서 문제가 생기고 장기적으로 좋은 인간관계를 유지하기 어렵다.

시간 관리를 습관화하면 다음과 같은 긍정적인 변화가 일어난다.

먼저, 내면의 평화를 얻는다. 하루를 시작하거나 마무리할 때 작은 계획을 점검하는 습관은 마음에 여유를 주고 안정감을 제공한다.

또한 자기 계발에 성공한다. 매일 일정한 시간에 독서나 공부를 하는 등 꾸준한 습관을 형성하면 장기적으로 성장과 발전을 경험하게 된다.

더불어 대인 관계가 개선된다. 작은 약속도 꼼꼼히 챙기고 시간을 잘 지키면 신뢰와 존중을 받게 되어 사회적으로 긍정적인 평가를 얻게 된다.

마지막으로 삶의 균형이 잡힌다. 일과 여가 그리고 자기 관리 시간을 균형 있게 분배할 수 있게 되므로 더 행복하고 충만한 삶을 살 수 있게 된다.

시간 관리의 최대 문제는 다음과 같다.

· 지나친 휴대폰 사용: 게임, 유튜브, SNS 보기, 검색하기 등
· 미루는 습관: 한 번에 몰아서 하다 보면 시간이 더 걸린다.
· 우선순위 설정의 어려움
· 집중하지 못하고 흘러버리는 시간

나는 어디에 시간 낭비를 많이 하는지 숙고해 보자. 시간 관리를 하기 위해 대단한 플랜과 목표를 짜지 않아도 위의 방해 요소들만 활동하지 못하게 누른다면 여러분은 성공이다!

문제는 보통 휴대폰과 관련된 이슈에서 시작된다. 나 또한 마케팅 전공자로 트렌드를 알아야 한다는 명분으로 SNS를 많이 보는 편이다. 그리고 문자와 카톡, 앱 광고가 뜰 때 진동이 울리거나 소리가 나면 바로바로 확인하는 버릇이 있다(카톡창의 1을 꼭 지워야 하는 부류).

그래서 논문을 쓰거나 집중해서 일할 때 이것이 얼마나 비효율적이고 일의 흐름을 끊는지 생각하고 나름의 방법을 찾았다. 사람마다 해결 방법이 다르겠지만, 나는 음 소거로 휴대폰을 설정해 놓는다. 아무 울림도 없으므로 신경 쓰지 않고 일과 공부에 몰입할 수 있었다.

우리는 방법을 모르지 않는다. 그냥 시도하지 않을 뿐이다. 시간을 정해놓고 휴대폰을 들여다보거나 다른 일에 집중해야 할 때는 비행기 모드나 휴대폰 감옥(?) 같은 것에 넣어 격리하는 것도 하나

의 방법이 될 수 있다.

사람들이 시간을 허비하는 것 중 하나가 걱정이나 고민하는 것이다. 내가 해결할 수 없는 걱정이나 고민으로 시간을 허비하지 말자. 불안과 걱정을 멈추기 힘들어 시간이 한없이 지나간다면, 명상이나 심호흡을 해보자.

시간 관리하는 방법

이제 시간 관리의 중요성도 알았고, 적의 유혹에 빠지지 않는 방법도 생각해 봤다. 이번엔 시간을 관리하는 방법이다. 업무의 중요도와 긴급성에 맞춰 분류해야 하는데 아이젠하워가 만든 시간 관리 매트릭스를 사용하면 된다. 모든 일에 우선순위를 만들고 그에 맞는 방법들로 처리한다.

사람들이 흔히 하는 오류가 하고 싶은 것부터 하려고 하는 것이다. 하기 싫은 일은 급하든 중요하든 끝까지 미루고 본다. 하지만 이렇게 해서는 시간 관리의 문제를 해결할 수 없다.

중요하고 긴급한 일	중요하지만 긴급하지 않은 일
• 바로 처리/늦추면 안 됨 • 갑작스러운 고객 문제 해결 • 오늘이 기한인 과제 제출	• 날짜와 시간을 잘 배분하여 계획 세워 진행 • 학습, 장기 프로젝트, 관계 구축
긴급하지만 중요하지 않은 일	긴급하지도 중요하지도 않은 일

• 타인에 의해 요구되거나
  방해되는 일
• 위임 또는 시간을 조정하여
  최소화
• 갑작스러운 전화, 이메일 답변,
  불필요한 만남
	• 생략하거나 나중으로 미룸
	• 소셜 미디어 확인, 불필요한
	  잡담, 시시한 취미활동

여기서 포인트는 중요하지만 긴급하지 않은 일에 대한 관리다. 중요하고 급한 일이 많아서 쌓이지 않게 미리 해결하는 태도가 필요하다.

하나의 팁을 더 제시한다면, 쉬셴장의 《하버드 첫 강의 시간관리 수업》에는 '나만의 시간 관리 리스트 작성'이라는 내용이 있다. 한 가지 일을 끝내는 데 필요한 시간을 예상해서 정하고 너무 타이트하지 않게 계획을 세우는 것이다. 미처 하지 못한 일들을 목록화하고 수행하기 때문에 미루는 습관에서 벗어날 수 있으며, 일일 시간 관리 리스트를 통해 실천 효과를 구체적으로 점검할 수 있다.

몰입으로 효율을 높이자

이것을 잘 보여주는 사례가 바로 몰입이다. 몰입이란 자기가 하는 일에 깊이 빠져서 그 순간만큼은 주변의 모든 것이 사라지고, 오로지 그 일에만 집중하는 상태를 말한다. 몰입 상태에 들어가면 시간의 흐름조차 느껴지지 않는다. 그만큼 집중한 시간 동안 얻을 수 있는 효율은 엄청나다.

황농문 교수의 《몰입》이라는 책에서도 이 부분에 대해 자세히 다루고 있는데, 그에 의하면 몰입을 통해 사람의 능력이 극대화된다. 우리가 흔히 경험하는 '시간이 부족하다'라는 느낌은 사실, 우리가 그 시간을 얼마나 집중적으로 사용했는지에 따라 달라진다. 시간을 충분히 확보했다고 해도 집중하지 않으면 아무것도 얻지 못하는 경우가 많다.

따라서 시간이 부족하다고 느낄 때는 무작정 시간을 늘리려 하기보다는, 그 시간에 몰입하고 집중할 수 있는 환경을 만드는 것이 더 중요한 일이다. 몰입을 통해 효율적인 시간을 보내면, 내가 바라는 목표를 더 빠르고 확실하게 이룰 수 있을 것이다.

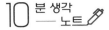
10분 생각 노트

1. 시간 관리의 중요성에 대해 피터 드러커가 말한 핵심 메시지는 무엇인가?
2. 시간을 잘 관리하지 못하면 발생하는 주요 문제는 무엇인가?
3. 시간을 잘 관리하는 사람들의 특징과 그들이 얻는 이점은 무엇일까?
4. 시간을 낭비하는 주요 원인으로 제시된 SNS, 유튜브, 게임 등에서 벗어나는 방법은 무엇일까?
5. 시간 관리를 잘하면 삶에서 얻을 수 있는 가장 중요한 변화는 무엇인가?

• 지혜로운 시간 관리 루틴을 만들기 위한 질문

1. 오늘의 가장 중요한 목표는 무엇인가?
2. 긴급하고 중요한 일은 무엇인가?
3. 하루 중 집중력이 가장 높은 시간은 언제인가?
4. 디지털 기기 사용 시간을 어떻게 줄일 수 있을까?
5. 오늘 하루를 어떻게 마무리하고, 내일을 준비할까?

나의 가치를 마케팅하라

4.2 바쁜 일상에서 효율적인 루틴 만들기

"당신이 할 수 있는 일을 하루하루 할 때,
그 일이 결국 큰 결과를 만든다."
- 안토니오 지그라

여러분은 작심삼일로 끝내 본 적이 있는가?

작심삼일이란 말이 있는 것은 새로운 습관을 들이기 위해 시도했지만, 사실 3일조차 넘기기도 쉽지 않기 때문이다. 작심삼일을 결심하고 포기하는 과정을 거치지 않은 사람은 세상에 존재하지 않을 것이다. 매일 똑같은 모습으로 하던 대로 살아간다면 특별한 성장이나 변화를 만들어 낼 수 없다. '작은 습관 들이기' 관련 책들이 많이 나오고 있는데, 작은 변화가 결국 멘털과 피지컬의 놀라운 나비효과를 가져다줄 수 있다.

작은 습관을 루틴화할 때 흔히 들어 봄 직한 이야기 중 하나는 일어나자마자 이불을 정리하는 것이다. 다른 것 필요 없이 오직 하나, 일어나자마자 이부자리를 정리하는 루틴을 만들어 해내면 된다. 그렇게 하루를 시작하다 보면 이 작은 성취가 삶에 긍정적인 변화를 가져다준다. 《습관의 힘》의 저자 찰스 두히그 또한 아침에 침대를 정리하는 습관이 생산성과 행복 지수를 높이고, 성공할 수 있는 확률을 높인다고 주장했다.

우리는 강한 의지로 습관을 바꿀 수 있다고 생각하지만, 결국 루틴을 만들어야 자연스럽게 변화하고 성장할 수 있다. 식사하고 이를 닦는 것처럼, 요리가 다 끝나면 당연히 주방을 정리하고 설거지를 해야 하는 것처럼, 익숙하고 일상화된 일과가 된다면 아주 어렵지 않다.

습관을 만드는 루틴의 디테일

습관을 강조하는 책들을 보면 공통적으로 나오는 내용이 있다. 작은 습관을 실천하면 습관이 성장하고 증식한다는 것이다. 타고난 능력으로 한 번에 점프가 가능한 사람도 있겠지만, 인간은 계단처럼 단계를 밟으며 점진적으로 성장한다. 허두영의 《나는 오늘만 최선을 다하기로 했다 데일리 루틴》에 의하면 성공한 사람은 독서, 운동, 긍정적 사고 등 좋은 루틴을 많이 가지고 있고, 그렇지 못한 사람은 음주, 흡연, 무절제, 긴 스마트기기 사용 시간 등 좋은 삶을 방해하는 루틴이 많다. 나를 사랑하는 방법은 특별하지 않다. 지금, 이 하루를 최고의 날로 조각하는 것이다.

단순하게 생각하면 건강한 루틴 만들기는 어렵지 않다. 평상시하는 일상에 하나씩만 추가하면 된다. 무리할 필요 없다. 샤워하기 전 스쿼 15개 하기, 30분 일찍 일어나서 독서나 하루 계획 세우기, 공부나 업무 시작하기 전 우선순위 목록화하기 5분, 점심 식사 후 15분 산책, 일어나자마자 누워서 할 수 있는 스트레칭 5분, 튀긴 음식이나 탄수화물 위주의 식사보다는 야채나 단백질 위주로 먹기, 자기 전 감사 일기 쓰기 10분, 메모하기 등 하나씩 의식해서 늘려 나가다 보면 쉽게 적용할 수 있는 부분이다.

추가되는 건강한 루틴의 시간을 적어 보았다. 하루에 10여 분의 시간을 낼 수 없어 못 한다는 것은 핑계이자 변명일 뿐이다. 소중한 하루의 시간을 효율적이고 알차게 사용하기 위해 우린 책을 읽고 운동하는 나만의 시간을 마련해야 한다. 하지만 대부분 건강한 루틴 만들기를 어렵게 생각하고, 변화의 시도조차 해보지 않으려고 한다. 실패할까 봐 지레짐작해서 겁을 먹고 회피하는 마음이기도 하다. 어떤 방법이 효율적인지 복잡한 방법보다 간단한 방법을 사용해서 생각하고 기획하고 실행해 보는 건 어떨까?

효율적인 하루 루틴을 만드는 방법에 대해 소개해 본다.

· 하루에 대한 목표를 명확히 정한다.
· 시간의 블록화: 하루를 시간 단위로 나누어 집중한다.
· 우선순위 설정: 시간 관리에서 배운 대로 중요하고 급한 일부

터 처리하는 습관을 들인다.

· 하루를 일찍 시작: 아침 시간을 활용해 명상, 독서, 운동
· 주기적인 휴식: 잠시 휴식은 몰입과 업무 효율성을 높여준다.
· 디지털 디톡스: 디지털 기기는 루틴에 방해가 될 수 있다.
  (물리적으로 멀리하기)
· 반복과 조정: 주기적인 검토와 조정이 필요하다.

습관이 자연스러운 루틴이 되기까지 66일이 필요하고 적응 속도가 느린 사람은 256일까지 걸린다고 한다. 루틴 만들기가 잘 안되었다고 쉽게 포기하는 것은 금물이다.

10분 생각 노트

1. 작심삼일을 극복하려면 어떻게 해야 할까?
2. 작은 습관이 큰 변화를 만드는 이유는 무엇인가?
3. 효율적인 루틴을 만들기 위한 방법은 무엇인가?
4. 디지털 디톡스는 왜 중요한가?
5. 자기 계발을 위한 루틴에서 가장 중요한 것은 무엇인가?

4.3 재무 상태 점검; 나는 어떤 소비를 하는가?

"자신에게 가치를 제공하는 소비를 하라."
- 로버트 기요사키

　계획적으로 소비하고, 아껴 쓰고 저축하라는 말은 누구나 할 수 있다. 모두가 알고 있지만 쉽게 적용할 수 없는 부분이기도 하다. 이번에는 돈 관리 관련 사회적인 이슈나 트렌드를 이야기하며 우리는 보통 어떤 소비를 하고 있고, 소비에 어떤 의식을 가지고 생활해야 하는지 생각하는 시간을 갖고자 한다. 또한 이런 건강한 소비의식을 가지고 살아가며 실행으로 옮길 방법을 제안해 보고자 한다.

넘치는 감정적 소비

감정적 소비란 무엇일까? 수년 전 YOLO(You Only Live Once)족이라는 말이 있었다. 불확실한 미래를 위해 지금 고생하지 말고, 한 번뿐인 인생, 순간을 즐기고 마음 편하게 살자는 뜻이다. 물론, 소비를 통해 다양한 경험을 하고 성장할 기회를 줄 수 있다는 점에서 장점일 수 있지만, 그 부분에만 집중해서 계획 없이 돈을 쓰다 보면 미래를 준비하는 게 어려워진다. 목적을 가진 목돈(또는 시드머니) 없이 미래의 삶을 준비한다는 건 쉽지 않은 일이다. 게다가 늘 통장을 제로로 만든다면 대책 없이 살아가는 삶이 될 것이다.

이것을 감정적 소비라고 정의하고 싶다. 사실 감정적 소비가 없는 사람은 없을 것이다. 말 그대로 기분 전환을 위해 돈을 쓰는 것이다. 나도 심심하면 집 근처 올리브영에서 뭐라도 사 들고 오니 말이다. 부정적인 감정적 소비도 존재한다. 시발 비용(홧김 비용), 탕진잼이라는 말도 있는데 스트레스를 받거나 화가 나지 않았다면 쓰지 않았을 비용이라고 한다. 버스를 타도 될 걸 기분이 안 좋아서 택시비를 내버렸다거나 짜증 나는 기분을 해결하기 위해 인터넷 쇼핑으로 옷을 왕창 사버리는 등의 비용들을 의미한다.

이 경우 필요한 곳에 돈을 쓰지 않고 감정에 휘둘려 허튼 곳에 돈이 사라져 버리는 상황이 된다. 소중하게 모아놓은 나의 자산이 의미 없이 흘러나가 버린다. 벌린 손가락 위 모래 올리는 형상이다.

비속어까지 섞어 소비를 합리화하는 문화, 돈을 쓰는 것도 자기가 아닌 타인이나 상황을 탓한다. 위에서 언급했듯 '시발 비용'은 스트레스를 받아 지출하게 된 비용을 일컫는 말이다. 이런 건 감정적 지출이기 때문에 이런 식의 소비는 줄이는 습관을 들여야 한다. 심지어 시발 비용을 일회성 진통제라고 논한 사람도 있다. 크게 도움이 안 된다는 이야기다.

감정이 오락가락하는 상황에서 필요하지도 않은 것을 사고, 단순히 기분 전환이나 남들에게 보여주기 위해 돈을 쓰는 것은 의미 없다. 예를 들어 오마카세를 간다거나 호캉스를 즐기는 것은 근시안적인 해결 방법이다. 자신을 위한 선물을 한다거나 힐링 또는 해보고 싶었던 경험이라면 해보는 것도 좋다. 의미와 가치를 둘 수 있는 곳에 여러분의 소중한 돈을 사용하길 바란다. 돈으로 하는 일회용 기분 전환보다 오래 기억되고 자신을 채워갈 수 있는 것들을 생각해서 무지성으로 하는 감정적 소비를 지양하길 바란다.

친한 친구와의 가벼운 산책, 무료로 책을 읽을 수 있는 도서관에서 시간 보내기, 조용히 기록하고 글 쓰며 명상하기, 스레드 같은 SNS에서의 감정 공유로 소통하는 방법도 좋다.

가치 있는 곳에 소비가 아닌 투자를 하자

나는 평상시에도 마케팅적 사고를 해보자고 이야기한다.

기업에서 비용을 쓸 때 '투자'한다고 한다. 연구 개발 비용이나 기업 운용에 필요한 것을 구입하거나 광고하는 여러 과정도 소비라고 하지 않고 투자라고 표현한다. 이는 비용을 사용할 때 유익을 얻기 위해서이다. 단순 소비라고 하지 않고 투자한다고 하는 것도 그런 이유에서다.

우리는 돈을 쓸 때 '소비'라고 한다. 단순히 물건이나 서비스를 사는 것은 소비이다. 현재의 욕구를 채우기 위해 돈을 쓴다고 봐도 과언이 아니다. 예를 들어 음식, 옷, 영화 관람 같은 것은 모두 소비에 해당한다. 소비는 즉각적인 만족을 추구하지만, 시간이 지날수록 그 가치는 사라지게 된다. 소비와 다른 뜻의 투자는 미래의 가치를 위해 현재의 돈을 사용하는 것이다. 돈을 투자하고 시간이 지나면 그 가치가 늘어나거나 수익을 창출해 낼 수 있다. 주식, 부동산, 교육에 대한 투자는 나중에 더 많은 가치를 위한 선택이 될 수 있다. 자산 그리고 자신이 성장하거나 추가적인 이익을 얻을 수 있다는 점에서 소비와는 차이가 있다.

소비를 줄이기 위해 투자까지 줄여서는 안 된다. 특히 교육이나 건강관리에 관해서는 중요한 시기가 있어서 소비라고 생각해서 미루면 중요한 때를 놓치는 과오를 범할 수도 있다. 학위나 직무 관련 자격증을 위해 돈과 시간을 투자하면, 향후 더 나은 직업 기회와 높은 이익을 얻을 수 있다. 건강관리에의 투자는 건강으로 장기적인 삶의 질을 향상하고 의료비를 줄일 수 있어서 잠재적인 이점이 있다.

이런 내용을 삶에 적용해 보는 것은 어렵지 않다. 예를 들어 편의점에서 삼각김밥과 컵라면 대신 닭가슴살 샐러드나 단백질 음료를 선택한다면, 소비로 끝나지 않고 조금 더 나은 건강의 투자가 될 수 있을 것이다. 러닝이나 등산 같은 운동은 비용이 들지 않지만 즐겁게 즐길 수 있는 운동들이다.

사고를 전환하면 소비가 아닌 투자로 전환할 수 있는 부분은 많이 있으니 잘 생각해 보자.

무지출 챌린지와 요노족

감정적 소비가 많아지는 이면에 경제 상황이 좋지 않아 수많은 욜로족이 사라지고 '무지출 챌린지'라는 말이 생겨났다. 이 말은 소비하는 돈의 흐름을 파악해서 불필요한 소비를 줄이고 저축률을 높인다는 취지로 만들어졌다. 이런 도전을 통해 목적 자금을 만들거나 소비를 통제해서 저축을 늘리는 경우도 있다.

하지만 무지출 챌린지를 한다며, 이른바 '지인 찬스'를 이용해서 자신이 계획한 목적은 달성하되 가족이나 지인에게 사달라고 하는 경우 민폐가 될 수도 있다. 그리고 단순하게 짧은 기간을 정해 놓고 그야말로 챌린지로 끝나기도 한다. 아무 의미 없이 한 번 해보고 끝내는 것이다. 건강한 소비 습관으로 정착되어 평상시 꼭 필요한 곳에만 소비하는 습관을 가지는 게 중요하다.

경제적 자유를 목적 자금이나 시드머니 없이 준비하기는 쉽지 않다. 소비와 지출을 컨트롤하는 지혜로운 능력과 의식을 키워야 한다. 요노(YONO)족은 '필요한 것은 하나뿐(You Only Need One)'이라는 영어 문장의 약자로, 꼭 필요한 것만 사고 불필요한 물건 구매는 최대한 줄이는 소비자를 가리키는 말이다. 요즘처럼 고물가와 고금리가 지속되는 상황에서 자신의 경제적 형편에 맞는 실용적 소비, 가치 소비를 추구하는 이들이 늘어나면서 등장한 신조어이다. 위에 언급한 욜로의 반대 의미로 사용되기도 한다. 이들은 미니멀 리스트적인 삶과 과소비로 인한 자원 낭비를 지양해서 환경문제에도 관심이 높다고 한다. 요노족은 미래를 위한 절약에 대한 필요성을 강조하고, 위에 언급한 투자와 같은 맥락이 될 수도 있겠다. 욜로가 되든 요노가 되든 선택은 자신이 하는 것이다. 무엇이 옳고 정답이라고 할 수도 없다. 균형 있는 소비와 투자 습관으로 건강하고 지혜로운 삶을 만들어 나가길 바란다.

10분 생각 노트 ✏

1. 감정적 소비가 왜 문제일까?
2. 감정적 소비를 줄이기 위한 실질적인 방법은 무엇인가?
3. 소비와 투자의 차이점은 무엇인가?
4. '무지출 챌린지'가 가져올 수 있는 긍정적인 효과와 부정적인 점은 무엇인가?
5. '요노족'의 소비 패턴은 어떤 특징을 가지고 있는가?

나의 가치를 마케팅하라

4.4 스스로 재정 관리하는 방법

"재정적 자유는 많은 돈을 버는 것이 아니라,
당신이 가진 돈을 현명하게 다루는 데서 온다."
- 수지 오먼

돈을 이끄는 사람이 될 것인가, 돈에 끌려가는 사람이 될 것인가?

지출은 돈을 쓰는 것이고, 수입은 돈을 버는 것이다. 우리가 벌어들이는 수입에서 지출을 뺀 나머지가 저축이나 투자로 이어질 수 있는 자산이다. 문제는 수입보다 많은 지출을 하게 되면 돈이 모이는 것이 아니라 오히려 빚이 늘어나고, 그 빚에는 높은 이자가 붙어 더욱 많은 돈을 갚아야 한다는 것이다. 결국 돈을 버는 속도보다 돈이 나가는 속도가 더 빠르면, 그 차이는 시간이 지날수록 감당하기 어려운 수준이 되고 만다. 그리고 그때부터는 돈을 관리하는 것이 아니라, 돈에 끌려다니는 삶이 시작된다.

나는 어릴 때부터 돈을 계획적으로 다루는 것의 중요성을 어머니에게 배웠다. 어머니는 항상 같은 말을 반복하셨다.

"1,000원을 벌어도 1,200원을 쓰는 사람이 있고, 500원을 벌어도 400원을 저축하는 사람이 있다."

어릴 땐 이런 말이 지겹기도 했다. '왜 그렇게 아껴야 하지? 돈이 있으면 그냥 쓰면 되는 거 아닌가?'라는 불만도 많았다. 하지만 세월이 흐를수록 같은 돈을 벌고도 어떤 사람은 빚에 허덕이고, 어떤 사람은 여유로운 삶을 사는 이유를 깨닫게 되었다. 돈이 있다는 것은 단순히 통장 잔액의 숫자가 많은 것이 아니라, 그만큼 선택할 수 있는 자유가 많다는 것이었다. 반대로 돈이 없으면 하고 싶은 일이 있어도 못 하고, 빚이 있으면 빚을 갚기 위해 계속 돈을 벌어야 하는 악순환이 반복된다.

그렇다면 어떻게 하면 돈을 이끄는 사람이 될 수 있을까? 단순히 무조건 아끼는 것이 답은 아니다. 그렇다고 마구잡이로 소비를 줄이면 삶의 질이 크게 떨어질 수도 있다. 중요한 것은 수입을 늘리고, 불필요한 지출을 조절하는 것이다.

지출은 시간과 에너지의 out: '타임 프라이싱(Time Pricing)' 전략

현명한 소비를 원한다면, 단순히 가격이 아니라 '시간 가치'로 환산하는 사고방식이 필요하다. 우리가 돈을 버는 데 들인 시간이 소비로 어떻게 사라지는지를 인식하면, 합리적인 소비 습관을 기를 수 있다. 예를 들어, 시급이 2만 원인 사람이 20만 원짜리 신발을 사고 싶다고 가정해 보자.

이 경우, 단순히 20만 원을 지출하는 것이 아니라 10시간 동안 일한 대가를 사용하게 되는 것이다. 신발이 자신의 10시간 노동과 맞바꿀 만큼 가치 있는지 스스로 질문해 보면 소비의 의미가 달라질 것이다. 구매하기 위한 모든 노력과 시간은 자신이 써야 하는 비용과 에너지로 환산된다.

이 사고방식을 적용하면 불필요한 소비를 줄이는 데 큰 도움이 된다. 충동구매를 하려는 순간, '이 돈을 벌기 위해 몇 시간이나 투자했는가?'라는 질문을 던져보라. 단순한 가격이 아니라, 나의 '노력과 시간'을 소비하는 것임을 인식하면, 신중한 선택을 할 수 있다.

돈을 시간 단위로 환산하는 습관은 단순한 절약이 아니라, 소비를 투자로 바꾸는 전략적인 사고방식이다. 시간을 관리하는 사람이 결국 자산을 지배한다. '타임 프라이싱(Time Pricing)' 전략을 활용해 여러분의 시간과 돈을 정말 가치 있는 곳에 투자하라. 소비의 가치가 결국 나의 노력과 시간을 뺏고 얻는 거라면 더욱 신중해야 한다.

돈을 다루는 태도가 인생을 결정한다

계획 없이 돈을 벌면, 그 돈은 결국 사라진다. 무턱대고 돈을 모으거나 쓰는 것이 위험한 이유다. 목표 없이 모은 돈은 쉽게 흩어지고, 목적 없이 쓰는 돈은 금방 사라진다. 그래서 돈을 다룰 때는 명확한 목표와 기간을 설정하는 것이 필수다. 단순히 '돈을 모아야지'라는 막연한 계획이 아니라, 3개월, 1년, 3년, 5년, 10년 단위로 구체적인 목표와 예상 금액을 정하는 것이 중요하다.

나도 어렸을 때 1년 동안 직장을 다니며 돈을 모은 적이 있다. 하지만 어린 나이에 계속 일만 하다 보니 너무 힘들었다. 그만두고 싶은 마음이 수없이 들었다. 하지만 호주 어학연수를 가겠다는 목표가 있었기 때문에 버틸 수 있었다. 돈을 모으는 과정이 단순한 노동이 아니라, 내가 이루고 싶은 목표를 향한 투자로 보였기 때문이다. 그렇게 1년을 채우고 나니 6개월 동안 외국에서 생활할 수 있는 자금을 마련할 수 있었다.

목표를 정할 때는 대략적인 계산이 아닌 구체적인 계획이 필요하다. 예를 들어, 어학연수를 가기로 했다면 단순히 '1년 동안 돈을 모아야지'라고 생각하는 것이 아니라, 필요한 자금 목록을 만들고 금액을 명확히 설정하는 것부터 시작해야 한다. 비행깃값, 학비, 생활비 등 예상 비용을 구체적으로 산출한 후, 이를 기준으로 몇 개월 동안 얼마를 모아야 하는지 계산하면 훨씬 현실적인 목표가 된다.

많은 사람이 빠듯한 일상을 이유로 미래를 준비할 여유가 없다고 말한다. 하지만 소비로 끝나는 지출이 아니라, 삶의 투자가 되는 지출을 고민하는 습관을 들인다면 목적 자금을 모으는 게 그리 어렵지 않다. 사고의 차이가 결과의 차이를 만든다. 돈을 모으는 것도, 쓰는 것도 결국 태도와 전략의 문제다. 목표가 있는 돈은 힘이 생긴다. 목표 없는 돈은 금방 사라진다. 여러분은 어떤 태도로 돈을 다룰 것인가?

≫

10분 생각 — 노트

• 자금을 만들 수 있도록 메모해 보기

1. 목표 설정
 - 목적 자금은 무엇인가? (예: 여행, 집 구매, 결혼)
 - 목표 금액은 얼마인가?
 - 언제까지 자금을 마련해야 하는가?

2. 현재 재정 상태
 - 월수입은 얼마인가?

- 월 지출은 얼마인가?
- 현재 부채가 있는가?
- 부채로 인한 이자 부담은 어느 정도인가?

3. 자금 마련 계획
- 목표 자금을 위해 매달 얼마씩 저축할 예정인가?
- 불필요한 지출을 줄일 방법은 무엇인가?
- 수입을 늘릴 방법은 무엇인가?

4. 중간 점검
- 매달 목표 금액 대비 얼마를 모았는지 점검할 방법은?
- 목표를 달성하는 데 어려움이 있다면 어떻게 조정할 것인가?

5. 완료 후 점검
- 자금을 모은 후 어떻게 사용할 것인가?
- 다음 목표를 설정할 때 개선할 점은 무엇인가?

4.5 건강과 에너지 관리의 중요성

"건강은 진정한 부이다. 그리고 나머지 모든
것은 그것의 그림자에 불과하다."

- 마하트마 간디

나는 자기 계발서를 100권 이상 읽고, 10년 넘게 운동했으며, 그 기간에 두 번의 다이어트로 10kg 이상 감량 후 유지어터로 살고 있다. 이번 주제는 참고문헌을 포함할 필요 없이 몸으로 체득한 정보와 비법(?)을 전수해 보고자 한다.

정신력 부족 혹은 체력 부족

모든 자기 계발서를 보면 공통점이 있다. 공부하고, 책 읽고, 명상하고, 확언하고, 기록하라면서 또 하나 강조하는 것이 건강과 에너지 관리다. 요즘 번아웃이란 말을 많이 사용하는데 체력이 떨어지면 번아웃은 더 쉽게 따라오게 되어 있다. 하지만 사람들은 운동하지 않는다. 2019년 WHO(세계보건기구)에서 조사한 주요 국가별 운동 부족 학생 비율에서 한국은 146개국 11~17세 학생 기준 94%로 1등을 차지했다. 일평균 60분 이상, 중간 정도의 신체활동을 안 하는 학생 비율이다. 그만큼 운동 부족은 심각하다. 이 책의 타겟 독자가 2030임을 감안한다면, 여러분들이 조사 대상 나이였을 가능성이 높다.

왜 건강관리를 하라고 하고, 운동을 하라고 할까? 아직 잘 느껴지지 않을 젊은이들이 이 책을 읽고 있을 거로 생각한다. 나이를 밝히기 부끄럽지만(?) 40대를 넘어선 나는 허리디스크, 노안, 만성 피로와 함께 살고 있다. 건강한 줄만 알았던 몸은 어느새 나이가 들면서 병이 생긴다. 질병이 무서운 게 몸을 쉽게 피로하게 만들고 통증을 느끼다 보면 생활에 어떤 의욕도 생기지 않는다. 아무리 쥐어 짜내도 열심히 할 에너지가 없다. 여행이든 자기 계발이든 사람 만나는 것이든 다 싫다. 몹시 귀찮다. 집에 가만히 있고 싶고 나가기가 싫다.

몸이 안 좋으면 하고 싶은 게 사라진다. 하고 싶은 게 없다는 건 삶이 즐겁지 않고, 버거운 경지까지 가기도 한다. 사실 나는 그 과정을 다 거쳤고, 감사하게도 10년 전 일찌감치 허리디스크의 습격을 역전시켜 생존 운동을 습관화해서 관리하고 있다.

성공한 사람들의 특징은 매일 운동으로 자기 관리를 한다는 것이다. 운동이 신체에만 좋을 것 같지만 효과는 대단하다. 꾸준한 운동은 몸도 건강해지고 에너지가 생길수록 할 수 있다는 자신감을 준다. 그뿐만 아니라 스트레스 관리에도 효과적인데 운동을 하면 스트레스가 감소하고 긍정적 심리 상태를 만들어 준다고 한다. 정신력이 부족해서 못 한다는 말은 옳지 않다. 체력이 없어서 못 하는 것이다.

실내에만 있는 게 문제, 밖으로 나가자

사실 현대인의 건강 문제는 실내에만 있다는 점에서 시작된다. 코로나 팬데믹 이후 더 심각해졌다. 내가 어릴 땐 친구들과 뛰어놀다 엄마가 "저녁 먹어라~" 소리쳐야 억지로 집에 들어갔는데 요즘 아이들은 실내에만 있어서 어쩔 수 없는 미디어 중독자를 양성하고 있다. 운동한다면 실내와 실외 밸런스를 맞추는 게 가장 좋다. 한 가지 운동만 하지 말고 실내, 실외 운동 밸런스를 맞춰 보자. 예를 들면 웨이트트레이닝+등산, 필라테스+가벼운 조깅, 수영+빨리 걷기 등이다.

나의 경우는 아침에 일어나 30분 정도 가볍게 빨리 걷기를 한다. 필라테스 주 2~3회는 꾸준히 나가고 있다. 우선 실외 활동의 좋은 점을 이야기해 보자. 푸른 하늘과 자연의 나무들, 일명 파랑이와 초록이라고 부르는데 자연에서 나온 파랑이와 초록이는 심신에 안정을 주고, 멀찌감치 바라보며 걷다 보면 눈이 시원하다.

몽골인들 평균 시력이 2.0이라는 이야기를 수십 년 전 들었는데도 생생히 기억난다. 초록색 평원에서 멀리 보는 습관이 시력을 좋게 만들어 준다고 하니, 꼭 운동이 아니더라도 밖으로 나가자. 짧게라도 시간을 보내고, 호흡하는 습관을 들이면 좋을 것이다. 실내에서만 지내다 보면 호흡에도 좋지 않은 게 사실이다. 내가 꾸준히 운동하고 관리한 지 10년, 운동은 일상에서 빼놓을 수 없는 소중한 시간이다.

비록 운동을 싫어해서 살기 위해 운동하는 생존 운동러이지만 어느 정도 경지에 오르면 운동을 못하는 기간에 문제가 생긴다. 안 하면 좀이 쑤시고, 여기저기 불편한 느낌이 든다. 안 할 수 없다. 이젠 그냥 하는 거다. 이 비루한 몸을 가진 사람도 관리를 위해 매일 운동을 하니 여러분도 충분히 할 수 있다.

자기 관리의 모든 키워드는 '꾸준함'이니 잠깐이라도 나를 위한 관리시간을 마련해 보자. 체력이 떨어졌다고 생각하는가? 하루하루가 피곤함에 지치는가? 반드시 대책을 세워야 한다. 시간이 지나면 나아지겠지, 라고 생각하지만 내년 후년엔 더 피곤하고 더 쉽게 지칠 것이다.

생존 운동을 위한 Tips!

여러분들도 잘 아는 내용이지만 건강과 에너지 관리 팁을 인생 선배로서 공유해 보기로 한다.

좋은 것 먹고 나쁜 음식 피하기

식이섬유나 단백질이 많은 식사가 가장 좋다. 영양가 없는 식단을 먹을 수밖에 없는 상황이라면 (혼자 살거나 편의점 음식 의존도가 높을 경우) 영양제를 꼭 챙겨 먹기를 바란다. 비타민제나 유산균은 음식으로 채우기 어려운 영양소들이니 따로 챙기는 게 좋다.

우리나라 사람들이 좋아하는 식단은 탄수화물 폭탄인 경우가 많다. 면류, 떡볶이, 볶음밥 등 탄수화물의 특징은 먹으면 먹을수록 자석처럼 당긴다는 것이다. 허기가 금방 찾아오고 어느새 달콤한 것을 입에 넣고 있다. 탄수화물의 무서움은 요즘 많은 연구로 자세히 나와 있다. 단, 현미밥이나 호밀빵, 고구마 같은 비정제 탄수화물은 나쁘지 않으니 잘 챙겨 먹자. 적당히 양을 줄여 먹는 습관을 만들면 혈당 스파크도 피하고, 다이어트하는 고생도 덜 수 있다. 치킨 마니아라면 튀긴 것보다는 구운 것으로 바꿔보자.

꾸준히 운동하기

위에서 언급한 대로 꾸준히 하되 실내, 실외 운동의 밸런스가 맞다면 최고 조합이다. 운동은 혼자서 하는 게 쉽지 않다. 함께 운동할 사람이 있다면 금상첨화다. 야외에서 하는 깊은 심호흡만으로도 스트레스가 줄어들고 예민했던 신경이 부드러워질 것이다. 우선 취미를 붙일 만한 운동을 찾기 위해 다양한 운동을 짧게라도 배워보기를 바란다.

제때 자고 제때 먹기

젊은 친구들이 가장 실천하기 어려운 부분인 것 같다. 사실 우리 몸은 낮에 활동하고 밤엔 무조건 푹 쉬어야 가장 좋은 퍼포먼스를 낼 수 있게 설계되어 있다. 그 밸런스가 깨졌을 때 질병이 생기거나 쉽게 피곤하다. 잠자는 게 어렵다면 낮에 커피 또는 에너지 드링크를 많이 마시지 않았는지 생각해 보자. 그렇다면 오후에 그런 종류의 음료는 피하는 것이 좋다.

또한 수면에 방해가 될 정도로 휴대폰을 오래 들여다보는 건 금물. 제때 시간을 맞춰 먹기 쉽지 않다면 다이어트 에너지바나 견과류 등 작은 패키지를 휴대하는 것도 꿀팁이다. 끼니를 거르다 보면 다음 식사에서 폭식하게 되기 때문에 예방 차원에서 필요하다.

본문의 에너지 관리 3개 팁 중 적용할 수 있는 것을 하나 적고, 구체화해서 실행하는 계획까지 세워보자.

1. 나는 건강을 잘 챙기고 있는가?

2. 건강한 생활을 하기 위해 지킬 수 있는 건강법이 있다면?

3. 스트레스와 체력 관리를 잘하고 있는가?

4. 내가 쉼을 느낄 수 있는 공간과 시간이 따로 있는가?

나의 가치를 마케팅하라

4.6 나를 지탱해 줄 멘털 관리 팁

"자신의 마음을 잘 다루지 않으면, 삶의 모든
일이 불안하고 고통스럽게 된다."
- 루이자 메이 알코트

내면의 힘 키우고 긍정의 힘 확장하기

멘털 관리를 위해서는 먼저 자기 공감 능력을 갖춰야 한다. 사람들은 대부분 타인은 너그럽게 바라보면서 자신에게는 엄격한 잣대로 허물과 잘못에만 초점을 맞추곤 한다. 이런 부정적 성향은 의식적으로 경계해야 한다. 부정적 감정에 매몰되어 오랜 시간을 허비할 필요가 없다. 시간 관리에서 살펴본 대로 10분 이상 마음 안에 부정 언어와 감정들이 존재하지 않는 훈련을 해야 한다. 시간 낭비, 감정 낭비가 될 수 있다. 나를 토닥여주는 대화들에 익숙해지길 바란다.

"누구나 실수할 수 있어. 하지만… 속상해하지 말고, 다음엔 더 잘해 보자!"

긍정성에 초점을 맞춰 보자. 긍정적 경험과 성공에 몰입하면 뇌는 그것에 집중한다. 불만, 분노, 원망 같은 부정성을 내려놓을 때마다 긍정성은 더 크게 자란다고 한다.

내가 긍정성에 초점을 맞추기 위해 가장 자주 하는 일은 좋은 일들이 생기면 감사를 외치는 것이다. 고난의 상황이면 이 상황을 통해 배우고 깨달을 게 있는 배움의 시간이라고 생각한다. 그리고 하나님의 뜻이 있을 거라고, 겸허하게 받아들인다. 고난 중 겸허함은 쉽지 않지만, 감정의 휘몰아침에 쫓겨 다닐수록 더 힘들다는 걸 알기 때문에 내려놓는 방법을 터득하게 되었다. '나에게 왜 이런 일이?' 하면서 발버둥 친들 바뀌는 것은 하나도 없다.

긍정적 마음이 잘 안 생긴다면

감사 일기와 다행 일기를 권해 본다. 매일 똑같은 하루여서 특별한 감사가 생각나지 않는다면 생각해 보자. 뉴스에서 들려오는 무시무시한 사건 사고를 보면 오늘이 흔한 하루라고 느껴지지 않는다. 건강하고 안전하게 집에 와 사랑하는 가족들을 만나고, 따뜻하게 쉴 곳이 있다는 게 얼마나 큰 감사이고 다행인지 누구나 느끼게 될 것이다.

또한 남과 비교하지 말자. '비교는 행복의 도둑'이라는 속담이 있다. 남들과 비교하는 것은 불행으로 가는 지름길이다. 사실 멘털 관리에 중요한 회복탄력성은 얼마나 비교를 자제하느냐에 달려 있다. 사람의 심리는 안정적이지 않을 때 더욱 요동치고 남과 비교하며 자기과시를 하거나 자기 비하에 빠지기 쉽다. 모두 옳지 않은 감정으로 사람들과의 관계 안에서 그리고 자신에게도 부정적 영향을 준다.

오직 자신만을 위한 시간을 갖자. 재충전 없이 번아웃 상태로 자신을 지킬 힘은 그 어디에도 없다. 아무리 분주해도 하루도 빠짐없이 자기돌봄을 위한 시간을 가져야 한다. 자신을 돌보지 않는 사람은 다른 누구도 돌볼 수 없다. 하루에 단 5분, 10분이라도 고요하게 작은 쉼을 얻는 시간과 장소를 설정해 보자.

그리고 다른 사람과 긍정적인 관계는 멘털 관리에 많은 도움을 줄 수 있다. 인간은 극도로 사회화된 존재이기 때문이다. 사회적 교류를 통해 얻은 격려, 인정, 위안, 지지는 인생에 정말 중요한 요소이다. 또한 서로에게 좋은 사람이 되어 주고자 노력해야 한다.

관계성에 긍정적 영향을 주기 위해 내가 적용해 보았고 또 효과가 있었던 것을 정리해 보면 다음과 같다.

관계를 좋아지게 만드는 특별한 기술

멘털 관리에서 가장 중요한 것은 사람들과의 관계가 평안하고 소통도 잘돼야 한다는 생각이다. 우리는 그 어떤 것보다도 사람과의 관계 속 갈등과 오해로 스트레스를 받게 되고, 멘털 또한 많이 흔들리며 무너지게 된다. 관계가 좋아지기 위한 전략은 3가지로 정리해 볼 수 있다. 그것은 바로 잘 들어주기(경청), 칭찬, 격려(긍정 언어 사용)하기, 기억해 주기다.

경청하기

경청은 서로에 대해 알아갈 수 있는 가장 좋은 방법이다. 우린 마케팅으로 적용하는 퍼스널 브랜딩의 개념들을 쌓아가고 있기 때문에 그들(고객)의 니즈와 원츠를 잘 알고, 말하며, 행동하는 것이 긍정적인 관계성 구축에 많은 도움을 줄 것이다. 내가 원하는 메시지만 남발한다면 상대방(고객)과의 관계성을 의미 있게 구축할 수 없다. 우선 들어야 한다. 들어야 보이고, 들어야 알 수 있다.

긍정 언어 사용하기

사실 긍정 언어 사용은 쉽지 않다. 서로 좋은 말을 해주는 것인데, 그냥 보면 보이지 않는다. 하지만 사람들을 애정 있게 지속적으로 관찰하다 보면 칭찬할 내용을 충분히 찾을 수 있다. 세상에 완벽한 사람은 존재하지 않고, 필요 없는 사람 또한 없다. 때론 단점처럼 보이는 성격적인 문제들도 상황이나 사람에 따라 필요하다. 단점 같지만, 장점으로 작용할 때가 있다. 관계는 상대방에게 좋은 점을 찾아 이야기해 줄 때 유연해진다. 때론 보물찾기처럼 쉽지 않을 수도 있다. 하지만 이것도 습관이다. 잘 찾으면 찾아진다.

우리 사회에서 MBTI 검사의 유행으로 한때 공감 능력이 떨어지는 T 성향에 상처(?) 받는다는 이슈가 있었다. 감정보다는 사실과 논리를 우선시하다 보니 때론 냉정해 보일 수도 있다. 하지만 논리적이고 객관적이며 비판적 사고가 강하기 때문에 기술적, 분석적인 직업에 강점을 보이고 문제 해결 능력이나 계획 수립에 능숙하다는 놀라운 장점이 있다. 좋고 나쁘고는 없고, 다름만 있다. 좋은 점을 찾아 긍정적으로 피드백한다면 관계를 맺는 데 유용한 팁이 될 수 있다.

기억하기

다른 말로 표현하자면 '관심 두기'라고 할 수 있겠다. 나는 평상시에 지인과 대화할 때 사소한 정보도 의미 있게 듣는 편이다. 긍정적인 기억을 함께 공유할 수 있어서 대화 소재가 더욱 많아지게 된다. 기억은 때로는 관심으로 보인다. 당연한 말이다. 서로에게 관심이 없다면, 기억하거나 기억될 일조차 없기 때문이다. 특별한 관심을 보여주는 사람에게는 더 호감이 간다.

나는 강의할 때 학생들의 이름을 기억하기 위해 의식적으로 외우고 질문도 많이 한다. 학생들의 반응은 이름을 기억하려 노력하고, 직접 불러줄 때 좋았다고 한다. 또한 사고력과 논리정연한 서술 위주로 과제를 내주다 보니 개인의 생각이나 상황에 대해서도 읽어볼 수 있었다. 이런 부분은 기억했다가 질문할 때 사용하거나, 방향을 제시하는 편이다.

학생들의 반응은 "어떻게 그걸 아세요?" "저에 대해 기억하세요?"라며 놀라워했다. 경증 우울감이 있다고 고백한 친구가 개인적으로 연락하면, 기억했다가 부드럽고 따뜻한 텍스트로 말하려고 노력했다. 그리고 학기 초 진로 고민을 이야기했던 학생에겐 지속적으로 이메일 코칭을 해주고 있다. 기억하는 건 관심을 두고 있다는 의미의 다른 말이다.

경청과 긍정 언어 그리고 기억하기로 다른 사람과의 건강한 교류에 도움이 되길 바란다.

10분 생각 ─ 노트 1

• 감사 일기/다행 일기 쓰는 방법

하루에 시간을 정해서 짧게 5개 정도 생각해서 기록해 본다.
매일 습관을 들인다면 하루를 더욱 가치 있고 의미 있게 살 수 있다.

10분 생각 ── 노트 2 ✏️

1. 나는 상대방의 말을 잘 듣고 있는가?

2. 나는 긍정적인 언어를 자주 사용하고 있는가?

3. 나는 상대방의 좋은 점을 찾아 칭찬하는 습관이 있는가?

4. 나는 사소한 일이라도 기억하고 관심을 보이는 편인가?

5. 나는 타인과의 관계에서 관심과 존중을 잘 표현하고 있는가?

4.7 장기적인 목표를 위한 계획 세우기

"큰 목표를 설정하고, 그것을 이루기 위한 계획을
세우는 것이 인생을 성공으로 이끈다."
- 앤드루 카네기

삶의 장기적인 목표를 세우기 위해서는 그곳에 이르기까지 매일 단기, 중기, 장기 목표들의 세분화 과정이 중요하다. 앞날에 대해 나도 모르는데 어떻게 중장기 계획을 세우냐고 하겠지만 방향성을 가지고 살아가는 것과 상황에 맞춰 끌려가는 것은 전혀 다른 결과를 가져올 수 있다. 애플 창업자 스티브 잡스는 "목표가 없는 삶은 살아가는 것이 아니라 그저 존재하는 것에 불과하다"라고 말했다. 뚜렷한 목표를 의식하고, 이루기 위해 살아갈 때 우리는 세상의 조연이나 들러리가 아닌 주체적인 주인이 될 수 있을 것이다.

목표를 명확히 하고, 수단에 얽매이지 말자

계획의 핵심은 지나치게 욕심내지 않고, 스스로 정한 하루의 목표를 반드시 해내는 것이다. 많은 사람이 목표를 세울 때 지나치게 장기적인 계획을 강조하거나, 하루치 일정을 과하게 설정해 부담을 키우곤 한다. 하지만 중요한 것은 한 번에 모든 것을 이루는 게 아니라, 꾸준히 실행하는 것이다.

계획을 세울 때는 큰 그림을 먼저 그리고, 세부 계획을 쪼개 나가는 방식(톱다운 방식)이 효과적이다. 예를 들어, 프로젝트를 진행할 때 5년 단위의 비전, 1년 단위의 목표, 1개월 단위의 실행 계획을 나누어 설정하면 큰 흐름 속에서 구체적인 실천 방향을 정리할 수 있다.

여기서 가장 중요한 것은 목표와 수단을 혼동하지 않는 것이다. 목표는 우리가 궁극적으로 이루려는 결과이고, 수단은 목표를 달성하는 방법일 뿐이다. 예를 들어, 체중 감량이 목표라면 운동은 그 목표를 달성하기 위한 수단이다. 하지만 운동 자체에 집착하다 보면, 더 효과적인 방법이 있음에도 불구하고 오히려 비효율적인 방식으로 진행할 수도 있다. 목표는 변하지 않지만, 수단은 언제든 상황에 맞게 조정할 수 있어야 한다.

어떤 목표를 이루기 위해서는 끈기가 필요하지만, 무조건 고생하는 것이 능사는 아니다. 방법이 잘못된 상태에서 노력만 계속해 봐야 원하는 결과에 도달할 수 없다. 중요한 것은 현재 선택한 수단이 목표에 효과적으로 다가가고 있는지 끊임없이 점검하는 것이다. 방향성을 잃지 않으면서도, 효율적인 방법을 적용하는 태도가 필요하다. 과정이 목표를 흐리는 것이 아니라, 목표를 이루기 위한 과정으로 정리될 수 있도록 끊임없이 조정해 나가자.

계획을 수행할 때 목표는 변하지 않지만, 달성하는 방법은 상황에 맞게 조정하는 유연성을 발휘해야 한다. '1년에 책을 50~100권 읽자'라는 것이 목표로 설정되면, 읽기만 하는 경우 아무 도움이 되지 않는다. 독서를 통해 자신이 이루고 싶은 것들이 목표가 될 수 있다. 책 몇 권 읽기라는, 보이는 권수에 집중하기보다 무엇을 얻었나에 대해 더 많이 생각하는 시간을 가져야 한다.

자격증을 취득한다는 목표에 수단이 막연히 몇 시간 공부하기로 끝나서는 안 된다. 몇 시간 앉아 있다고 해서 공부가 저절로 되는 게 아니기 때문에 더 구체적으로 몇 단원 암기, 3장씩 필사, 공부한 것을 상기해서 노트하기 등 만드는 수단을 구체적으로 강구해야 할 것이다.

목표와 수단을 구분하고 조화롭게 접근하기 위해서는 그 목표를 이루기 위한 유연한 수단을 설정해야 한다. 가장 효율적인 방법을 찾아서 실행하는 습관을 들여야 목표 지점에 완전하게 도달할 수 있다. 단기, 중기, 장기 기간은 굳이 정형화시켜 정할 필요는 없다. 시기별로 맞는 계획을 설정하는 것이 좋다.

SMART 목표 전략

SMART 목표 전략은 경영학의 아버지라고 불리는 피터 드러커 (Peter Ferdinand Drucker)가 만든 관리 이론에서 목표 설정이나, 성과관리, 조직 효율성에 대한 이론을 기반으로 관리 컨설턴트인 조지 T. 도란(George T. Doran)이 만든 이론이다. 목표나 성과관리를 위한 효과적인 도구로 널리 사용되지만, 단기, 중기, 장기적 계획에 대한 개념을 세우고 구체화할 수 있는 점에서 SMART 목표 전략에 관해 이야기해 보고자 한다.

Specific(구체적): 목표는 모호하거나 추상적이면 안 된다. '영어 실력을 향상하겠다'보다 '토익점수를 800점 이상 맞겠다'나, '다이어트를 시작하자'보다 '건강한 다이어트로 7kg 이상 감량하자'라는 정확하고 구체적인 목표가 있어야 한다.

Measurable(측정 가능): 목표는 측정 가능하고 이를 통한 진행 상황을 파악하고 필요한 조정을 할 수 있어야 한다. 성과가 눈으로 보이고 수치화되지 않으면 결과에 어느 정도 다가가고 있는지 전혀 감을 잡을 수 없다. 잘하고 있는지 스스로 피드백할 수 있도록 측정 가능해야 한다.

Achievable(달성 가능): 나의 상황과 한계, 가능성을 정확하게 알고 현실적인 수준으로 목표 설정을 해야 한다. 모아둔 돈이 없는데 어학연수를 꿈꾼다거나 토익점수가 300점인데 갑자기 만점을 목표로 한다면 올바른 목표를 설정한 것이 아니다.

Relevant(관련성 있는): 자기 상황과 관련 있는 목표를 세워야 한다. 단순히 하고 싶어서 한다면 취미 활동 즐기기밖에 되지 않는다. 정확한 연관성이 없다면 가고자 한 목적지에서 멀어져 먼 길을 돌아갈 수 있다.

Time-bound(시간제한이 있는): 중요한 부분이다. 데드라인 없이 과업을 수행하다 보면 결국엔 미루다 완성할 수 없게 된다. 이것은 누구나 경험한 일이다. 스스로 정한 목표이기 때문에 그 누구도 과업 수행에 대해 압박하지 않는다. 자신이 만들어가는 삶이고 목표임을 인식하고 적절한 시간제한을 둬서 효율성을 높이고 목표까지 도달해야 한다. 재무계획을 예로 들어 보면, 통장을 쪼개서 5년짜리 적금, 3년짜리 적금, 1년짜리 적금으로 기간을 정해 열심히 모으면 목적 자금에 맞는 원하는 일들을 해낼 수 있다.

과정 중 실패를 두려워하지 않기

우리가 세우는 계획 중에는 흐지부지되거나 과정 중 포기하거나 실패하는 경우들이 많다. 동기부여를 계속하면서 나아간다고 하더라도 시간이나 자원 부족 같은 외부 환경의 문제들로 목적지로 향하던 일들을 멈추게 되기도 한다. 또는 실패에 대한 두려움으로 목표를 세우지 않고 적당히 시간을 때우는 식으로 살아가는 사람들도 많다.

목표한 과정으로 들어가기 전 두려움의 정의는 무언가 시작해야 한다는 필요를 느끼는 상황을 의미한다고 믿고 싶다. 그래서 불안이란 감정도 때로는 긍정적이다. 불안과 두려움을 적극적인 시작으로 깨트리길 바란다. 위의 과정들을 반복적으로 거치다 보면 더욱 정확하고 완성도 있는 방법으로 목표에 도달한 자기 모습을 볼 수 있을 것이다.

10 분 생각 ── 노트

1. 내 목표는 구체적이고 명확한가? (Specific)

2. 내 목표를 측정할 방법이 있는가? (Measurable)

3. 내가 설정한 목표는 현실적이고 달성 가능한가? (Achievable)

4. 이 목표는 내 상황과 목적에 부합하는 목표인가? (Relevant)

5. 내 목표를 달성하기 위한 구체적인 시간 제한을 설정했는가? (Time-bound)

4.8 균형 잡힌 삶으로 지속 가능한 성장 이루기

"모든 것은 과도함과 부족함이 있으며,
미덕은 그것들 사이의 중간에 있다."
- 아리스토텔레스

삶에 필요한 균형에 대해 심사숙고해 보니 일과 가족, 피지컬과 멘털, 자기 계발과 휴식, 사회적 관계와 (물리적, 정서적) 독립으로 나눠서 생각해 보게 된다. 한쪽에만 치우쳤을 때 어떤 일이 벌어질까?

보이는 것에 집중할 때 벌어지는 일

주변에 워커홀릭인 분들이 있는데 일에만 온 관심을 다 쏟고 오기 때문에 가족들과의 사이가 그다지 좋지 않다. 함께하는 시간적 여유와 관계의 질이 높지 않아 가족 간에 문제가 생기기도 한다. 멘털과 피지컬의 밸런스는 어떠한가? 요즘 명상이나 자기 성찰 책과 콘텐츠도 많이 있지만, 그에 비해 외면적인 모습에 집중하는 외모지상주의는 여전하다.

극단의 운동과 식이요법으로 매력적인 몸매를 만들고, 보디 프로필을 찍는 것이 살면서 한 번은 해봐야 하는 문화로 자리 잡혔다. 겉으로 보이는 자신의 모습에 집중하다 보면 역설적으로 멘털 관리가 어렵다. 보디 프로필 준비하다 우울함이나 강박에 시달려 정신건강이 나빠졌다는 사례도 많이 알려져 있다. 원하는 대로 체중이 줄어들지 않을 경우 불안장애를 겪을 수도 있다.

정상체중임에도 불구하고 SNS에 나오는 놀라운 몸매의 인플루언서나 걸 그룹과 자신을 비교한다. 건강하고 균형 잡힌 몸과 마음이 아니면 결국 스스로를 해치게 된다.

자기 계발은 열심히 하는데 쉼 없이 바쁘게 성장에 집중한다면 어떻게 될까? 동력과 방향성이 희미해지는 순간이 온다. 사람과의 관계에 집중하고 나 아닌 다른 대상에 의지하다 보면 스스로 서는 노력은 소홀히 하게 된다. 홀로서기를 해야 할 때 방법을 모르고 방황하는 경우도 생긴다.

보이지 않는 것과의 균형

지속적인 성장은 안과 밖, 내면과 외면, 보이는 것과 보이지 않는 것의 균형 없이 이루어질 수 없다. 지금 열거한 것 중 일, 피지컬,

자기 계발, 사회적 관계는 눈에 보이며, 타인에게 평가받는 것이다. 그리고 가족과 멘털, 휴식과 (물리적, 정신적) 독립은 크게 눈에 보이지 않는 것 같아도 개인의 삶에서 소중하고 없어서는 안 될 귀한 것들이라고 할 수 있다.

왜 우리는 남들이 평가하는 것과 내 안의 소중한 것에 균형을 맞춰야 할까?

우리의 에너지는 정해져 있어서 한 곳에 과도하게 집중할 경우, 다른 곳은 균형이 잡히지 않아 신경 쓰지 못한 부분이 무너지기도 한다. 일에만 몰입해서 가정에 소홀하다면, 균형을 잃은 가정에 큰 문제가 생길 수 있다.

그렇다면 집에서 하하 호호 시간을 즐겁게 보내지만, 일에 소홀하면 되는가? 상황에 최선을 다하되 에너지 균형을 잘 맞춰서 더 잘하기보다 소홀하지 않게 해야 한다. 사회적 관계에 관심을 두고, 네트워크 만들기와 관계 쌓기에만 의지한다면 스스로 설 수 있는 준비는 점점 미뤄지게 되고 그 부분에서 크게 넘어질 수 있다.

지속적 성장을 위한 관계에서의 균형

삶에서 중요한 부분들의 균형이 중요하다는 내용은 고전에서도 쉽게 찾을 수 있다. 《중용》은 공자의 손자인 자사가 저술한 책이다.

사회적 관계와 나의 독립과의 균형을 잘 맞춰야겠지만 특히 이 책은 인간관계에서의 중용을 강조했다.

남에게 베푸는 말과 행동, 감정 표현에 부족함이 있는지 아니면 지나친지를 살펴서 상황에 맞는 적절함을 행하라고 가르친다. 남에게 베푸는 말이나 행동이 부족하면 상대는 원망하게 되고, 지나치게 되면 상대는 몹시 부담스러워한다. 과유불급의 중간이 중용이다. 관계에서 균형은 정말 중요하다. 서로 끌어주고 밀어주는 관계 속에서 성장할 수 있기 때문이다.

명사 강의를 들으면서 알고는 있었지만, 한 번 더 상기시켜 준 계기가 된 이야기가 있다. 타고난 게 없다면 또는 재능이 없다면 딱 두 가지로 채울 수 있다고 한다. 시간을 오래 들여서 채우면 되는 일이 있고, 관계의 도움을 받으면 채워질 수 있다. 나를 성장시켜 줄 수 있는 자극이 되는 사람 또는 나를 더 좋은 단계로 끌어줄 수 있는 사람이 은인이다. 보이지 않는 나의 장점을 끌어내 줄 수 있는 관계의 은인을 만난다면 더욱 수월하게 삶의 실타래를 풀어낼 수 있다.

또한 잘할 수 있다고 응원해 주는 지인이 있다면 은인을 만난 축복을 얻었다고 생각하면 된다. 특히 한국 사회에서 진심으로 응원해 주는 사람이 있다면 최고의 관계가 될 것이다. 좋은 관계성이 연결되었을 때 진정한 성장을 하게 된다고 이해했다. 나와 비슷한 상황의 사람과 동병상련하며 서로 끌어주는 관계, 먼저 가고 싶었던 길을 지나가 본 선배나 전문가들과의 관계, 가르침을 주는 선생님이나 코치와의 긍정적인 관계 속에서 새로운 일들이 생긴다.

　마지막으로 가장 중요한 부분이다. 지속 가능한 성장은 혼자만의 발전이 아닌, 함께 성장하는 데서 나온다. 내가 성장할 때, 주변 사람들과 균형을 이루는 게 중요하다. 은인을 기다리기만 하면 안 되고, 누군가의 은인이 되어 줄 수 있는 사람이 되어야 한다. 예를 들어, 내가 도움을 주면 그 사람도 나중에 다른 사람에게 도움을 줄 수 있게 된다. 은인을 알아볼 수 있는 지혜가 필요하다. 예상치 못한 순간에 내게 큰 영향을 주는 사람을 놓치지 않으려면, 그 사람을 알아보는 통찰이 중요하다.

10 분 생각 — 노트 ✎

・중용을 지키기 위한 질문

1. 자기조절: 나는 감정적으로 과도하게 반응하지 않고자 노력하는가?
2. 균형과 조화: 나는 일과 개인 생활 사이에서 균형을 잘 맞추고 있는가?
3. 적당함과 절제: 나는 지나치게 욕망을 추구하지 않고 적당히 만족할 수 있는가?

4. 의사 결정: 나는 결정을 내릴 때 균형 잡힌 사고를 하는가?

5. 소통과 관계: 나는 대화에서 주도와 경청의 균형을 잘 맞추는가?

05

브랜드 런칭:
세상에 나를 알리는 전략

5.1 브랜딩은 나를 세상에 알리는 첫걸음

"브랜딩은 사람들이 당신을 기억하는 방식이며,
당신이 전달하는 메시지가 당신의 브랜드를 정의한다."
- 세스 고딘

나만의 콘텐츠로 어필하기

개인은 기업처럼 특정 상품이나 서비스에 한정되기보다 자신의
경험이나 전문성, 가치관, 관심사 등의 콘텐츠들로 수익을 창출할
수 있다. 그런 이미지들이 어우러져 고유한 나만의 브랜드 아이덴
티티가 만들어진다. 여러분은 어떤 문제를 해결할 때 사회적, 경제
적으로 도움이 되는 방법을 고민해야 한다. 또한 어떤 분야에서 자
기만의 역량을 발휘할 수 있는지도 명확하게 설정해야 한다.

지금까지 살펴본 내용들을 실천해 가며 개인 브랜드화에 한층
가까워졌을 거로 생각한다. 내가 어떤 사람인지 알리는 노력이 다
끝났다면, 이제 시작이다. 내 이름만 들어도 다른 설명 없이 사람들
이 나에 대해 알고 있다면, 나의 브랜드 이미지와 정체성이 잘 구

축되어 있다면 문제없다.

브랜딩 과정에서 중요한 건 일관된 메시지를 전달하는 것이다. SNS 인터뷰, 블로그 등 다양한 채널을 통해 지속적으로 표현해야 하며, 이런 일관성은 신뢰를 구축하는 데 중요한 역할을 한다. 독보적인 전문성이나 유머러스함, 자기를 표현할 카피라이팅이 있다면 더 좋다. 틀에 박히지 않은 의외성이나 특이점이 있다면 차별화하기 쉽다.

브랜딩 과정에서는 고객 경험 설계를 하게 되는데 개인의 경우, SNS 팔로워들과의 관계 경험 강화가 가능하다. 공감이나 경험, 영감, 가치 있는 콘텐츠를 통해 관계성을 구축한다.

인스타그램의 하라파파(@hara_papa)는 28개월 된 딸과 함께 여행을 다니는데, 여행 장소나 도시는 딸이 선택한다. 즉흥적으로 떠나는 1박 2일 또는 당일치기 여행을 브이로그로 짧게 구성해서 올리는데, 어린아이와 특별히 할 게 없어 고민하는 팔로워들에게 긍정적인 영향을 준다. 또한 아빠와 함께하며 밝고 꾸밈없는 모습을 보여주는 아이를 보며 대리만족하기도 한다.

그는 본업으로 콘텐츠 제작을 하는 게 아니라 따로 직업도 가지고 있다. 일상의 즐거움을 콘텐츠로 승화하는 크리에이터들이 진실성과 일관성 있는 콘텐츠를 만든다면, 꾸준하게 브랜딩하기 쉽다. 하라파파도 10만 명의 팔로워가 있고, 유튜브도 운영하고 있어서 인지도라는 것이 생겼다. 긍정적인 개인 브랜드 이미지가 확실하게 구축될수록 많은 팔로워가 생기고, 인지도는 높아지게 된다. 인지도가 높아진다는 것은 영향력이 강해진다는 의미다.

이처럼 브랜드는 단순히 특정 직업이나 직책을 가진 사람만의 것이 아니다. 일상을 통해 꾸준히 한 가지 정체성을 보여주면, 사람들은 그를 기억한다.

인지도를 높여주는 퍼스널 브랜딩

똑같은 회색 펭귄 무리 속에서는 아무도 알아주지 않는다. 그래서 핑크 펭귄이 되어야 한다는 마케터가 있다. 오스트레일리아의 유명한 마케터 빌 비숍은《핑크펭귄》을 통해 다른 제품과 사람이 차별화되지 않는다면, 말 그대로 튀지 않는다면, 성공할 수 없다고 말한다. 그렇다면 눈에 탁 들어오는 핑크 펭귄이 되었을 때 시장이나 사회에서 어떤 장점으로 작용할 수 있을까?

개인이 가진 독특한 가치와 특성으로 경쟁력을 확보할 수 있다. 인지도가 높거나 확실한 개인 브랜딩이 되어 있다면 경쟁이 치열한 시장일지라도 주목받을 수 있고, 더 많은 기회를 얻을 수 있다. 개인 브랜드는 사회적 네트워크와 밀접하게 연결되어 있다. 일거리를 찾아 나서지 않아도 고용될 가능성이 높아진다. 그러므로 내가 하고 있는 일이나 나에 대한 브랜딩은 필수적인 과정이다. 개인 브랜드가 강화될수록 자신의 시간과 전문성에 대한 프리미엄 가격을 책정할 수 있다. 또한 개인 브랜드가 잘 구축되면 그 브랜드 자체가 새로운 기회를 창출한다. 취업 기회나 비즈니스 제휴, 출판 계획 등 다양한 분야에서 지속적인 기회가 생긴다.

해뜨기 전부터 챙겨 먹는 '수연이네'(@su_ye_nini)라는 타이틀로 76만 명의 팔로워를 가진 인플루언서가 있다. 30대의 젊은 부부는 4남매의 아침 식사를 준비하는 모습과 아이들이 맛있게 먹는 모습을 매일 아침 업로드한다. 팔로워들과의 관계와 영향력으로 공구를 진행하기도 하고, 가족을 위해 건강한 음식을 내어주는 모습으로 방송 출연까지 하게 된다(채널A 〈금쪽같은 레시피〉). 그리고 《수연이네 삼 형제의 완밥 레시피》라는 요리책까지 출판한다.

꾸준히 나를 알린다면, 협업을 위한 연락은 자연스럽게 이루어진다. 유명 셰프라서 책을 쓰고 방송 출연한 게 아니다. 자기만의 색을 가지고 아이들에게 건강한 음식을 준비해 주는 엄마의 모습을 알렸기 때문에 가능했던 일이다.

다른 사람이 인정하는 퍼스널 브랜딩

〈흑백요리사: 요리 계급 전쟁〉의 김미령 셰프는 경동시장 안에서 '안동집'이라는 허름한 국수 가게를 운영하는 분이다. 워낙 맛으로 유명하고, 깔끔하게 쪽 찐 머리로 항상 한복을 입는 게 브랜딩되어서 SNS에 올라오게 되었다. 직접 자신을 알리고자 하지는 않았지만, 맛과 멋이라는 확실한 콘텐츠로 타인에 의해 디지털 세상에 알려지게 된 것이다. 그 후 이 프로그램의 블랙 라인으로 섭외되었고, 본인이 가진 역량으로 높은 순위까지 올라갔다. 이후 방송 출연, 잡지사 인터뷰, 유명 셰프들과의 화보 촬영 등 많은 변화가 생겼다.

공방을 운영하며, 외부 출강을 많이 다니는 의정부의 '바른평생교육원' 대표님과 직접 만난 적이 있는데 보통 외부 출강 연락이 어떻게 오는지 물어봤다. "다 인스타그램을 보고 DM을 보내주세요. 어떤 내용으로 수업하는지 미리 다 보고 연락을 줘서 출강 예약을 잡게 됩니다." 다양한 수업 내용이 짧은 영상이나 사진으로 많이 올라와 있는데, 생각보다 하트나 답글은 없었다. 하지만 필요한 타겟층은 다 찾아서 보고 연락한다는 것이다. 기관이나 관공서에서 수업하게 되면 원하는 콘셉트가 있기 때문에 다양하게 준비해서 맞춤 수업을 진행한다고 한다. 한곳에서 만족감을 느끼면, 소개로 이어지는 마법을 매번 체험한다고.

퍼스널 브랜딩이 처음엔 쉽지 않지만, 타겟화가 돼서 찾는 곳이 생기면 충분히 자기만의 힘으로 키워 나갈 수 있다.

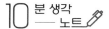

10 분 생각 노트

1. 개인 브랜드화가 얼마나 중요한지 다시 한번 생각해 보자.

2. 내 브랜드는 어떤 메시지를 전달하고 싶은가?

3. 내가 해결할 수 있는 문제는 무엇인가?

4. 내가 독특하게 경쟁할 수 있는 분야는 무엇인가?

5. 일상에서 어떤 점이 나의 브랜드에 연결될 수 있을까?

6. 내 브랜드를 강화하기 위해 지금 당장 할 수 있는 일은 무엇인가?

5.2 나만의 매력적인 브랜드 만들기

"브랜드는 당신이 어떻게 자신을 표현하고, 사람들에게
어떤 인상을 주느냐에 의해 만들어진다.
매력은 그 인상의 중요한 부분이다."
- 제프리 페퍼

전문성만큼 중요한 끌리는 사람

무슨 일을 해도 함께하고 싶은 사람, 생각만 해도 기분이 좋아지
는 사람이 되기 위한 노력은 전문성만큼이나 중요하다. 여러 번 반
복한 이야기지만 결국 나를 이끌어 주는 관계성 안에서 우린 성장
과 발전으로 연결되고, 종국에는 성공으로 이어지는 계단을 밟으
며 올라갈 수 있다. 어찌 보면 함께 일하고 싶은 매력적인 사람이
되는 것이 퍼스널 브랜딩의 전문성만큼이나 주요한 부분을 차지할
것이다.

기업의 브랜딩은 소비자와의 관계 속에서 반복적으로 만들어진
다. 메시지를 송신하는 기업 입장에서 소비자가 브랜드 이미지를
한 번에 정확히 받아들이는 경우는 드물다. 그렇기 때문에 지속적

으로 광고나 이벤트 제품 구매 전후 일어나는 고객 체험 등을 통해 원하는 브랜드 이미지를 만들어 내고 끊임없이 노력해야 한다.

사실 셀프 브랜딩의 전문성은 보여주기 쉽다. 수치화해서 한 번에 보여 줄 수 있기 때문이다. 자격증이나 다양한 경력, 학위 같은 것으로 어느 정도의 전문성은 바로 어필이 가능하다. 하지만 매력 있고 끌리는 사람이 되기 위해서는 다른 노력과 준비가 필요하다. 단 한 번에 보여줄 수 없지만, 그 기회를 놓친다면 다음 기회는 오지 않기 때문에 자연스럽게 몸에 밴 말투, 사용하는 어휘, 매너, 태도는 몹시 중요하다. 특히 책임감 있게 행동하는 모습은 바로 신뢰감을 줄 수 있으며, 자연스러운 친절함을 나타낸다면 사람들에게 편안함을 줄 수 있다.

끌리는 사람이 되기 위한 작은 차이

첫인상은 한 번 형성되면 쉽게 바뀌지 않는데 이것을 초두효과 (Primacy effect)라고 한다. 처음에 받아들인 정보가 이후의 판단과 인식에 큰 영향을 미치며, 이는 맥락 효과(Context effect)로 이어진다. 즉 첫 만남에서 형성된 이미지가 이후 관계의 분위기를 결정짓는 중요한 요소가 된다. 중요한 만남이라면, 첫인상부터 신경 써야 한다. 외모, 태도, 말투 등 작은 디테일 하나가 상대방의 기억에 오래 남을 수 있기 때문이다.

첫 만남에서 너무 적극적으로 다가가거나, 반대로 지나치게 소극적인 태도를 보이는 것은 바람직하지 않다. 중요한 것은 자연스럽게 대화를 이끌어갈 수 있는 균형 감각을 갖추는 것이다. 분위기를 살피며 상대방이 편안하게 느낄 수 있도록 조절하는 것이 핵심이다.

낯선 사람과의 대화는 누구에게나 쉽지 않은 일이다. 이때 대화를 자연스럽게 풀어가는 가장 좋은 방법은 공통점을 찾는 것이다. 예를 들어, 대화를 나누기 전 상대방의 관심사나 직업, 취향 등을 미리 파악해 두면 좀 더 수월하게 접근할 수 있다. 역사적으로도 많은 리더가 이 전략을 활용했다. 중요한 만남을 앞두고 상대방이 관심 가질 만한 주제를 미리 조사하여 대화를 준비하는 습관은 첫인상을 더욱 긍정적으로 만드는 데 큰 도움이 될 수 있다.

끌리는 사람과 그렇지 않은 사람의 차이는 단순한 말솜씨가 아니라, 상대방과의 연결고리를 얼마나 잘 형성하는가에 달려 있다. 작은 노력 하나가 관계의 시작을 결정짓는 중요한 요소가 될 수 있다. 끌리는 사람이 되고 싶다면, 첫인상의 힘을 활용하고 자연스러운 대화의 흐름을 만들어가는 연습이 필요하다.

마음을 사로잡는 방법으로 공통점을 찾는 것만큼 중요한 것은 없다. 공통분모를 찾아 대화의 물꼬를 트고 공감 능력으로 다양한 대화를 시도한다면 백전백승이 될 것이다. 관계성의 중요한 부분으로 언급했던 '기억하기'를 적극적으로 활용하자. 나에 대해 기억해 주는 사람에게 호감이 생기는 건 자연스러운 현상이다.

플라세보효과와 퍼스널 브랜딩:
믿음이 현실을 만든다

사람은 누구나 자신만의 이미지를 가지고 살아간다. 하지만 단순히 있는 그대로의 모습만으로 강력한 브랜드가 형성되지는 않는다. 자신을 어떻게 정의하고, 세상에 어떻게 보여주느냐에 따라 브랜드 가치는 달라진다. 이를 설명하는 개념 중 하나가 바로 플라세보효과(Placebo effect)다.

의학에서 플라세보효과는 실제로 치료 효과가 없는 가짜 약을 먹었음에도, 환자가 '효과가 있을 것'이라고 믿으면 증상이 호전되는 현상을 의미한다. 즉 사람의 믿음과 기대가 신체적, 심리적 변화를 일으킬 수 있다는 원리다.

퍼스널 브랜딩에서도 이 개념은 중요한 역할을 한다. 우리가 스스로 어떻게 인식하고 기대하느냐에 따라 행동과 결과가 달라진다. 만약 '나는 충분히 매력적이고, 능력 있는 사람이다'라고 믿는다면, 그 믿음이 실제 행동을 바꾸고 결국 더 나은 모습으로 변화할 수 있다. 반면, '나는 원래 이 정도밖에 안 돼'라고 생각하면, 자신의 성장 가능성을 스스로 제한해 버리게 된다.

사람들은 본능적으로 자신감 있는 사람, 매력적인 사람, 긍정적인 에너지를 가진 사람에게 끌린다. 그래서 퍼스널 브랜딩은 단순히 있는 그대로의 모습만 보여주는 것이 아니라, 타인이 매력을 느낄 수 있도록 전략적으로 이미지와 태도를 구축하는 것이 필요하다.

과거에는 특정 유명인이나 전문가들만 퍼스널 브랜드를 가질 수 있었다. 하지만 지금은 누구나 자신의 개성, 외모, 성격, 태도 등을 조합해 원하는 방향으로 브랜드를 구축할 수 있는 시대다. 중요한 것은 내가 믿는 나의 모습이 곧 나의 브랜드가 된다는 점이다.

결국 플라세보효과는 퍼스널 브랜딩에서도 적용할 수 있다. '나는 충분히 가치 있는 존재다'라는 믿음을 가지고, 그에 맞춰 행동하고 발전하려는 노력이 더 나은 나의 브랜드를 만들어낸다. 기대하는 만큼 변화할 수 있고, 자신을 어떻게 바라보느냐에 따라 삶의 방향이 달라질 수 있다.

브랜딩은 진정성과 신뢰를 바탕으로 하지만, 타겟 고객이 원하는 매력적인 이미지를 구축하는 노력도 중요하다. 자신에 대한 확신으로 더 나은 존재로 변화해 나가는 여러분의 미래를 응원한다.

10 분 생각 — 노트 ✏️

1. 내가 가지고 있는 매력을 어떻게 브랜드에 녹여낼 수 있을까?
2. 첫인상을 잘 남기기 위한 나만의 행동과 태도는 무엇인가?
3. 끌리는 사람, 매력적인 사람이 되기 위해 필요한 변화는 무엇일까?

4. 공통점을 찾는 대화의 기술을 활용해 나의 관계성을 강화할 방법은?

5. 플라세보효과를 활용하여 긍정적인 변화를 이루기 위해 어떤 기대를 해야 할까?

5.3 스토리텔링과 콘텐츠 기획; 나만의 이야기로 브랜딩하기

"사람들은 상품이나 서비스를 구매하는 것이
아니라, 그에 얽힌 이야기를 산다."
- 세스 고딘

퍼스널 브랜딩에서 스토리텔링의 중요성을 강조한 명언이다. 미국 유명 마케터 세스 고딘(Seth Godin)은 《마케터는 새빨간 거짓말쟁이_마케팅을 강력하게 만드는 스토리텔링의 힘》에서 진정성 있는 스토리텔링의 중요성을 강조하며, 자신만의 이야기를 통한 브랜드를 구축하라고 조언한다.

스토리의 콘텐츠화 그리고 확산

앞에서 나만의 경험과 성취로 나만의 스토리가 만들어졌다면, 이제 본격적으로 나만의 이야기를 꾸며서 나만이 가진 이미지로 브랜딩해야 한다. 퍼스널 브랜딩은 단순한 자기 홍보를 넘어서 개인이 가진 가치를 극대화하고 다른 사람과의 공감을 형성시키는 강력한 도구가 되어 준다.

2023년 7월 새로 나온 SNS 스레드를 예로 들어 설명해 보겠다. 텍스트 기반의 스레드는 가장 인기 있는 SNS 인스타그램과 자매 브랜드이다. 페이스북과 인스타그램을 관리하는 메타가 스레드도 관리한다. 사람들은 스레드에 솔직한 자기 스토리를 쓰기 시작했다. 짧고 강렬한 영상에 지친 사람들이 대거 여기로 몰려왔고, 글로 읽다 보면 공감과 친숙함이 더 느껴지는 것은 사실이다.

성동구 한 음식점의 사례이다. 열심히 준비하고 노력해도 불경기 탓인지 장사가 되지 않아 몹시 힘들고 폐업 신고까지 고민한다는 글을 올렸다. 많은 사용자가 그 글을 읽게 됐고, 근처에 사는 스레드 계정 팔로우 친구(스친)들은 일부러 가게를 방문하기 시작했다. 예약도 하고, 음식의 맛과 서비스가 만족스러우면 댓글을 달아주거나 자기 계정에 글을 써 주기도 하면서 조회수가 급속도로 올라가게 되었다. 자동으로 많은 사람에게 오픈되는 바이럴(디지털 입소문 - 빠르게 확산하는 정보)을 탄 것이다.

요즘 그 사장님이 올리는 글의 내용은 대부분 스레드 친구들을 통해 장사가 잘되고 있어서 마음 써 준 스친들에게 고맙다는 표현이다. 진솔하게 써 내려간 자기 경험과 이야기가 의도치 않게 콘텐츠가 됐고, 스토리텔링이 되면서 짧은 시간에 긍정적인 변화까지 이루어지게 된 것이다.

직접 찾아가진 않았어도 댓글로 응원하거나 묵묵히 글을 읽던 사용자들은 특별히 정의하기 힘든 감정을 느낀다. 일부러 목적을 가지고 글을 쓰거나 하지 않아도 진솔한 이야기에 공감하는 디지털 세계에서의 연결고리는 결국 서로를 돕게 했다.

작은 1인 사업을 하든 회사에 다니든, 나를 알리는 퍼스널 브랜딩은 중요하다. 그중 나만의 스토리를 콘텐츠화하는 것이 키포인트다. 계속 이야기하지만 생각하고 노트에 기록하는 것으로 끝내지 말라. 드러내고 나를 내보이는 과정, 읽고 싶고, 보고 싶게 만드는 작업이 필요하다.

스토리텔링을 통해 사람들은 퍼스널 브랜드 또는 브랜드에 감정을 이입하고 더 큰 신뢰를 형성한다. 겉으로 보는 것과 다른 이야기를 듣고 있자면 더 친근해지고 가까워진 기분을 느끼게 된다는 것이다. 자주 보면 친근해진다. 관계성이 강해지면 신뢰감이 생긴다. 그렇기 때문에 하고 싶은 이야기를 대충 던지는 것이 아니라 듣고 싶은 이야기로 변형시켜 구성하는 것이다. 사람의 마음을 움직이는 건 기술과 기능이 아니라 스토리란 사실을 잊지 말자.

유명 인사에게만 적용되는 것이 아닌, 일반인에게도 가능한 스토리텔링, 이젠 퍼스널 브랜드를 만들기 위한 스토리 구성에 대해 살펴보자.

나만의 스토리 구성

퍼스널 브랜드를 효과적으로 구축하기 위해서는 '나만의 스토리'를 어떻게 구성하느냐가 핵심이다. 크게 보면, 경험과 성장 과정을 풀어내는 이야기와 독자나 청중이 쉽게 이입할 수 있는 감정적 연결과 공감 요소로 나눌 수 있다. 물론 이 둘은 서로 긴밀하게 얽혀 있는데, 경험이 풍부할수록 듣는 사람의 감정과 공감도 자연스럽게 커질 수밖에 없다.

그리고 이런 개인적인 스토리텔링 마케팅은 다양한 타겟층에 나를 알릴 기회가 된다. 사람들은 단순히 '잘나가는 모습'만을 보고 매력을 느끼기보다 그 과정에서 겪은 역경과 실패를 어떻게 극복했는지에 더 관심을 두기 마련이다.

유명 인사 중에는 극적인 성장 과정을 스토리텔링으로 승화하여 브랜드 가치를 높인 사례가 많다. 예를 들어, '스타일난다' 김소희 대표는 초기엔 작은 인터넷 쇼핑몰에서 시작했으나 다양한 시도를 거듭하며 독자적인 브랜드를 만들어 냈고, 로레알이라는 다국적 대기업에 사업을 매각하면서 큰 쟁점이 됐다.

김 대표는 자본이나 학력, 인맥보다 남들이 하지 않는 길을 개성 있게 파고들고, 온오프라인을 전략적으로 사용했으며, 미래지향적인 사고로 성실하게 사업에 임함으로써 자신만의 스토리와 이미지를 완성했다고 볼 수 있다.

'해리포터 시리즈'로 유명한 J.K. 롤링(Joan K. Rowling). 그녀는 경제적으로 몹시 어려운 이혼의 시절을 겪었지만, 해리포터 시리즈로 전 세계적인 작가가 되었다.

애플을 만든 스티브 잡스(Steven Paul Jobs)가 입양아였다는 걸 아는 사람은 별로 없을 것이다. 그는 '애플을 만든 천재'로 그친 것이 아니라, 결핍과 불확실성 속에서 성장해서 결국 업계 최고가 되었다.

미국에서 가장 유명한 토크쇼 진행자 오프라 윈프리(Oprah Gail Winfrey)는 어린 시절 여러 어려움을 겪었지만, 흑인이자 여성에 대한 거부가 많았던 시절들을 다 이겨내고 미국을 대표하는 진행자이자 영향력 있는 인물이 되었다. 이처럼 '역경을 이겨낸 과정' 그 자체가 퍼스널 브랜드의 큰 자산이다. 우리는 누군가의 사연을 듣고 '나도 저랬는데' 하며 자연스럽게 공감하게 된다.

성동구의 작은 음식점 사연에 눈길이 가는 이유도, 그곳에서 벌어지는 좌절과 희망, 재도전의 스토리가 평범한 이들의 이야기와 크게 다르지 않기 때문이다. 이런 감정적 연결은 해당 인물에 대한 신뢰와 호감을 높이며, 브랜드로서의 가치를 더욱 공고히 만든다.

지금 당장 겪고 있는 실패나 시련이 있다면, 과도한 두려움이나 실망보다는 '나만의 스토리를 만드는 과정'으로 바라보는 태도가 필요하다. 시간이 지나고 나면 작은 점에 불과했던 문제들도 극복의 계기가 되어 '나'라는 브랜드를 한층 풍성하게 만들어 주기 때문이다.

사실 자기 계발과 성장을 목표로 집필하고 있지만, 이 책을 읽고 있는 여러분이 마케팅적 사고로 접근하는 것을 배우고 세상을 바라보는 관점이 달라지기를 바란다. 누구에게나 닥치는 어려움이나 실패는 자신만의 소중한 이야기, 결국 스토리는 단순히 과거 기록이 아니라, 앞으로 더 성장할 수 있다는 '동기 부여의 씨앗'이 된다. 브랜딩이 잘 안되었다고 단번에 실패하고 접지 않는다. 제품이나 서비스 브랜드들도 자기만의 스토리를 만들어가며 결과에 대해 피드백하고 전략을 수정하는 방법을 선택하는 경우도 많다.

꾸준히 경험을 쌓고, 그 경험을 자신만의 방법으로 풀어내며, 공감과 감동을 끌어낼 수 있다면, 누구든 매력적이고 신뢰받는 퍼스널 브랜드로 발돋움할 수 있을 것이다. 그 과정들은 자기를 보여주는 한 단어나 이미지로 완성될 수 있다. '나는 혁신적이에요'라고 말하기 전에 혁신적으로 보여줄 수 있는 스토리와 경험을 만들어 보도록 하자.

나만의 스토리를 꼭꼭 감추지 말고, 디지털 세상에 오픈하는 것을 잊지 말자. 생각지도 않은 팬들이 나타나 관계적으로 도움을 주거나 새로운 기회를 선사할 수 있다.

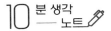
10분 생각 ─ 노트 ✏️

1. 나는 누구인가? (성격, 경험, 환경 간단히 써보기)

2. 가장 힘든 순간과 그 극복 과정은 어떠했는가?

3. 내가 진정으로 가치 있게 여기는 것은 무엇인가?

4. 가장 자랑스러운 성취는 무엇인가?

5. 앞으로 어떤 나만의 이야기를 만들어가고 싶은가?

5.4 SNS는 효과적으로 나를 알리는 도구

"무엇을 할지 모르더라도, 사람들에게 자신을 알려라.
그 후에는 길이 보일 것이다."

- 알프레드 아들러

버진 그룹의 창립자 리처드 브랜슨(Richard Branson)은 자신의 이야기를 전달하는 방식이 성공에 큰 영향을 미친다고 강조하며 "자기 이야기를 어떻게 하느냐에 따라 인생은 달라진다"라고 말했다. 심리학자 알프레드 아들러(Alfred Adler) 또한 "무엇을 할지 모르더라도, 사람들에게 자신을 알려라. 그 후에는 길이 보일 것이다"라고 언급했다.

비용을 많이 들이지 않고도 다양한 소셜 미디어를 활용한다면 가능하다. 하루의 내 생각, 잘하는 것들을 보기 좋게 글이나 영상으로 만들어 기록한다면 누가 나를 보고 사업이나 협업을 제의하거나 고용할지 아무도 모른다. 실제로 그런 과정들이 계기가 되어 인플루언서가 되거나 개인사업을 시작하게 된 사람들도 많다.

우선 우리가 잘 알고 많이 사용하는 소셜 미디어가 어떤 특징을 가지고 있고 어떠한 메커니즘과 알고리즘으로 운영되는지 파악하는 것이 중요하다. 그리고 나와 잘 맞는 소셜 미디어를 찾아 미디어에 기록을 시작하되 어느 정도 속도가 붙고 해볼 만하다면 확장해 나갈 수 있다. 같은 내용의 릴스를 인스타그램, 유튜브, 틱톡, 스레드 등에 올릴 수도 있다. 짧은 영상이나 편집에 능력이 있다면 인스타그램이나 유튜브, 텍스트로 글쓰기나 설명을 쓰기 좋아한다면 블로그나 스레드를 타겟화 해서 만들어가면 된다.

소셜 미디어가 가진 특징

	주요 특징	타겟	콘텐츠 특징
유튜브 (YouTube)	영상 중심	모든 연령, 다양한 관심사	• 10분 이상의 긴 영상 • 구글과 연동 검색 기반 • 광고와 수익화 • 커뮤니티와 댓글로 소통 활발
틱톡 (TikTok)	짧은 형식의 영상	10대~30대	• 짧고 임팩트 있는 영상 (15초~3분) • 트랜디한 콘텐츠 - 음악, 춤, 챌린지 • 사용자에게 맞춰진 알고리즘 강함 • 직관적인 편집과 다양한 효과, 필터

인스타그램 (Instagram)	이미지, 릴스	20대~40대	• 비주얼 중심 플랫폼 • 릴스 - 틱톡과 유사한 짧은 영상 • 해시태그 - 관심 주제나 브랜드 검색 가능 • 상업적 활용도 높음
스레드 (Threads)	이미지, 릴스	짧은 글로 소통하고 싶은 사람들	• 짧은 텍스트 중심 • 간결하고 즉각적인 의견을 주고받는 데 초점 • 실시간 소통 가능 • 간편한 리플라이와 리트윗 • 간결하고 빠른 정보 교환
블로그 (Blog)	긴 형식의 텍스트, 콘텐츠	관심 있는 주제, 깊은 정보를 원하는 사람	• 긴 형식의 글 - 정보, 전문적 분석, 리뷰 • 검색엔진 최적화 - 콘텐츠 노출 극대화 • 개인적인 의견 자유롭게 표현 가능 • 다양한 멀티미디어 활용 - 텍스트, 이미지, 영상, 인포그래픽 특징 추가 • 광고 및 수익화 - 광고 게시나 제휴 마케팅을 통해 가능

콘텐츠 이용자에서 생산자로

자, 이제 나를 알릴 수 있는 소셜 미디어 도구의 특징을 알았으니 하나를 선택해 보자. 물론 누구나 위에 열거한 소셜 미디어를 이용하는 이용자이기 때문에 이런 질문이 의아할 것이다. 유튜브와 인스타그램 보는 것으로 하루에 몇 시간씩 허비하지 말고, 어떻게 하면 콘텐츠 생산자가 될 수 있을지 고민하고 관찰하기 바란다.

전통적인 관점에서 일을 해서 수입이 발생한다고 했을 때 그냥 일한 만큼 버는 걸 의미했다. 양질의 콘텐츠를 만들기는 쉽지 않지만, 만들어 놓으면 언제 알고리즘을 타고 자신을 성장시키며 성공시킬지 아무도 모른다. 일하지 않아도 뷰어가 많으면 수익을 창출할 기회가 있다는 것이다. 여러 개의 파이프라인(수익 구조)을 만들어 낼 수 있다.

콘텐츠 이용자에서 사용자로 가는 과정의 시작은 자신의 관심사와 강점을 파악하는 것이다. 이 책을 읽으며 여러분은 자신에게 관심을 가지며 장단점에 대한 것을 명확히 알고 있다. 관심을 두는 것만으로도 충분히 콘텐츠를 만들 수 있다. 음식, 운동, 기술, 뷰티 등 카테고리를 정할 수도 있고, 일상에서 일어나는 에피소드나 루틴에 대해서도 팔로워들에게 의미 있는 영감이나 정보를 준다면, 매력적인 콘텐츠가 될 수 있음을 명심하라.

마음은 먹었는데 기술적인 능력이 전혀 없다면 곤란하다. 휘황찬란한 기술 장비가 없더라도 휴대폰이나 노트북을 이용한 영상이나 이미지 편집 기술을 배워나가야 하고, 글솜씨가 부족해서 한 줄도 쓰기 어렵다면 연습해야 한다. 글을 잘 쓰고 말솜씨가 좋다는 건 결국 나에 대해서 더 많이, 효율적으로 표현할 수 있는 도구가 된다. 꼭 소셜 미디어를 통해 알려지고, 자신을 마케팅하는 등의 문제보다 자기가 성장할 수 있게 아이디어를 내고 몰입하며 노력하는 과정들은 나중에 반드시 보상받을 수 있는 나만의 강점이 될 수 있다.

완벽하게 준비하고 시작하려고 하지 말자. 지금 그 모습으로 시작해서 어제보다 나은 모습으로 오늘보다 나은 내일로 만들어 낼 수 있다면 안 할 이유가 없지 않은가?

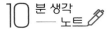
10분 생각 노트

1. 나에게 적합한 소셜 미디어 플랫폼은 무엇인가? 그 이유는 무엇인가?
2. 콘텐츠 생산자가 되기 위한 첫 번째 단계는 무엇인가?
3. SNS에 나만의 콘텐츠를 꾸준히 올리려면 어떤 태도와 전략이 필요할까?
4. 어떤 방식으로 나의 관심사와 강점을 콘텐츠로 전환할 수 있을까?

5. 기술적인 능력이 부족할 때, 콘텐츠 생산을 위한 첫걸음은 어떻게 시작할 수 있을까?

5.5 온오프라인 퍼스널 브랜딩

"마케팅은 세상에 당신이 록스타라고 말하는 것이고,
퍼스널 브랜딩은 당신이 실제로 록스타임을
세상에 보여주는 것이다."
- 댄 쇼벨

일관성 있는 모습으로 퍼스널 브랜딩하기

퍼스널 브랜딩이 일반 마케팅과 미묘하게 다른 부분이 있다. 마케팅은 광고, 홍보, 미디어 등을 활용해서 사람이나 제품을 알리는 과정이다. 마케팅으로 자기가 최고의 요리사라고 알리고 정말 맛있다고 알린 경우, 실제로 만나 보거나 경험했을 때도 그 이미지에 일관성이 있어야 한다.

마케팅이 첫인상을 만들어 내는 역할을 한다면 퍼스널 브랜딩은 그 인상을 실제로 증명하고 유지하는 과정이라고 할 수 있다. 예를 들어 온라인에서 꾸준한 스토리를 보고 신뢰감이 생겨 연락했다고 가정해 보자. 같이 협업이나 강의 제의 또는 방송 출연이나 스카우트 제의를 받을 예정인데, 실제 브랜딩한 모습과 다르다면 문제가 생길 수 있다. 전문성과 성장은 보이되 과장하면 안 된다.

《ME 2.0: 나만의 브랜드를 창조하라》의 저자 댄 쇼벨은 퍼스널 마케팅 전략가로 유명하다. 그는 퍼스널 브랜딩에 대해 남들과 차별되는 자신만의 가치를 적극적으로 이용하며, 자기 가치를 알리는 도구로 SNS를 활용할 것을 제안한다.

앞에서도 설명한 것처럼 나만의 차별성을 위해 소셜 네트워크를 활용하는 것도 좋지만 오프라인도 중요하다. 퍼스널 브랜딩의 지속성 평판 관리를 위해서는 오프라인에서의 모습도 중요하기 때문이다. 사람들이 나를 자세히 보지 않을 거로 생각하지만, 노련한 전문가나 교수님, 선생님 그리고 여러분을 관심 있게 바라보고 이끌 사람들은 여러분의 말과 행동에 많은 의미를 부여하고 관찰한다.

옴니채널처럼 다방면으로

다방면으로 나를 알리는 방법으로 온라인에만 집중하면 안 된다. '옴니채널(Omni channel)'이라는 마케팅 용어가 있다. 옴니라는 것은 '하나'라는 뜻인데 다양한 채널을 하나처럼 활용하는 것이다. 한 기업이 오프라인에서 직접 물건을 팔면서 동시에 온라인 쇼핑몰, SNS, 앱을 통해 고객들과 만날 수 있는 접점을 확대하고 고객 경험을 증폭해서 구매까지 이르게 하는 방법이다. 이때 모든 경로에서 일관된 하나의 브랜드로 보이며 고객과 소통하는 것이 중요하다.

고객의 성향에 따라 물건을 직접 보고 매장에서 구매하거나 전문 직원에게 설명을 듣고 온라인으로 주문할 수 있기 때문에 온라인 시장만 강화한다면 오프라인 시장만이 가진 특별한 장점은 놓칠 수 있다.

올리브영엔 워낙 많은 뷰티 브랜드가 입점해 있다. 여기에 들어오는 브랜드도 매장과 본사 온라인 판매 또는 개별 사업자가 가진 스마트 스토어나 구매 웹사이트가 있어서 다양한 채널을 운영한다고 할 수 있다. 옴니채널로 되어 있기 때문에 매장에서 제품을 체험해 보고 특가 세일을 이용하거나, 급한 게 아니라면 온라인으로도 제품을 손쉽게 구할 수 있다.

다국적기업의 사례를 살펴보자. 애플은 옴니채널 활용을 기술적으로 잘하기로 유명하다. 온오프라인 채널에서 같은 제품을 판매하며 가격도 비슷하게 유지해서 굳이 온라인으로 구매하려고 하지 않고, 고가의 제품을 직접 방문해서 가져가고자 하는 심리를 꿰뚫었다. 애플 전용 숍에서 상담을 받고 마음에 드는 정품을 직접 구매할 수 있고, 공식 판매업체에서 온라인으로 구매할 수도 있다.

이런 다양한 채널을 통해 소비자가 그 브랜드에 익숙해지며 친근하게 변화하면 결국 충성도 높은 고객이 되기도 한다. 퍼스널 브랜딩에서 온오프라인에서의 다양한 활동을 해야 한다는 건 기업이 옴니채널을 활용하는 것과 같은 맥락이다. 더 다양한 기회들을 만들어 낼 수 있고, 채널이 다양할수록 시너지를 창출할 수 있다.

오프라인 퍼스널 브랜딩 방법

이미 여러 번 설명했지만 자기와 협업하고 이끌어 줄 수 있는 관계, 은인이나 함께 경험을 나눌 수 있는 관심사가 같은 사람들을 만날 수 있는 기회를 만드는 게 중요하다. "저는 내향형이어서 사람 만나는 걸 어려워하고 싫어해요." 당연히 그럴 수 있다. 하지만 말 안 하고 조용히 있는 사람에게 새로운 기회가 갈 가능성은 거의 없다. 표정이나 말투, 외모, 언어가 긍정적이며 호감 가는 사람은 자기 브랜드를 잘 만든 사람이다.

첫째, 네트워크나 신뢰를 쌓는 시간을 어려워하지 말고, 적극 활용한다. 기본적으로 교수나 선배, 동료 등과의 좋은 관계는 필수다. 원하는 업계와 관련된 세미나나 직무 관련 행사를 찾아 참석해 보는 것도 좋다.

둘째, 신뢰할 수 있는 오프라인 평판을 만들어야 한다. 시간 약속이 신뢰와 직결된다는 사실은 이미 함께 공부했다. 말과 행동이 일치해야 온라인 안에서 내 이미지에 괴리감이 생기지 않는다. 감사 표현은 많이 할수록 상대방의 기분을 좋게 만든다.

SNS에서 본 사연이다. 음식점에서 사장님이 반찬을 갖다주자 친구는 감사하다고 말했고, 사연의 주인공은 '내가 내 돈 내고 먹는데 뭐가 감사한가'라는 입장이었다. 어떤 게 맞는지, 라는 내용의 글이었다(친구가 몹시 황당했을 텐데 본인이 창피한 줄도 모르고 글을 올렸던 사연).

"감사합니다"라는 말 한마디는 어렵지 않다. 인사와 태도의 중요성에 대해 언급한 것처럼 결국 이런 행동들은 심리적, 사회적, 감정적인 측면에서 긍정적인 평판을 만들어 낸다.

감사를 표현하는 사람은 자신의 노력만 드러내지 않고 주변의 도움을 인정하는 겸손한 사람으로 보인다. 목적이 있어서가 아니라 관계의 유연성에 꼭 필요한 부분이고 기본 중의 기본이기 때문에 감사를 표현하지 않는다면 기본도 못 하는 사람으로 인식될 수 있다.

셋째, 오프라인 활동과 발표 기회를 적극적으로 활용한다. 후배나 동료를 도와주는 멘토링이나 봉사활동은 신뢰감 가는 사람이라는 평판으로 만들어 준다. 작은 모임에서라도 발표나 강의할 기회를 만든다면 생각지 못한 기회들이 찾아올 수 있다.

최근 KBS 아나운서 출신 한석준 님의 강의를 들은 적이 있다. 그는 25년 이상 경력의 베테랑 아나운서이자 말하기 관련 도서 집필과 강의 전문가로 활동하고 있다. 말하기 전문가인 그는 발표를 잘한다고 크게 달라질 건 없다고 한다. 확답할 수 없다는 표현이다. 드라마틱한 변화는 없을지도 모르지만, 다른 건 다 잘해도 발표를 못하거나 피하면 좋은 기회에 발탁될 확률은 확연히 줄어든다는 것이다. 손해 보는 상황이 벌어질 수도 있다는 의미인 듯하다.

그는 이런 내용과 관련하여 실화를 빗대어 쉽게 설명해 주었다.

팀 프로젝트를 준비하며 자료조사나 PPT를 정말 잘 만드는 분이 있었는데 말하는 것은 어려워서, 항상 자기보다 발표를 더 잘하는 분에게 발표를 넘겼다고 한다. 매번 이분은 자료를 준비해 주었고, 발표자는 경험이 쌓여 점점 잘하게 되었다. 문제는 승진할 때 발생했다. 발표 전문 담당자는 바로 승진하게 되었고, 뒤에서 열심히 자료를 만들며 백업했던 그분에게는 아무 일도 일어나지 않은 것이다. 억울한 일이 아닐 수 없다. 발표가 부담스러워 다른 일을 자청해서 맡아 성실히 잘 해냈지만, 결국 그 공은 그럴싸하게 청중을 이해시키는 발표자에게 넘어간 것이다.

여러분도 발표가 어려운가? 처음엔 낯설고 힘들지만, 하다 보면 성장할 수밖에 없다. 자신의 생각을 조리 있게 설명하고 표현할 기회가 있다면, 망설이지 말고 도전해 보자. 대학에서 강의하다 보면 어쩔 수 없이 눈에 들어오는 사람들이 있다. 아는지 모르는지 조용히 있는 사람에게는 눈길이 가지 않는다.

수업 내용에 대해 질문하거나 답변하고, 눈 맞추거나 고개를 끄덕이며 표현하는 학생은 수십 명 사이에서도 눈에 띈다. 그들은 '열심히 집중해서 듣고 있는 사람' '적극적으로 수업에 임하는 사람'으로 보인다.

상대방에게 긍정적으로 표현해야 느낄 수 있다. 그래서 우리는 그 표현이 중요하다는 것을 알기 위해 이 책을 보는 것이다. 내가 누구인지 알리고, 이미지로 만들자. 그것을 표현하는 과정들, 온라인뿐만 아니라 오프라인에서도 중요하다는 것을 인지하자. 그리고 실행해 보자.

어렵다고 생각하지 말고, 아주 작은 시작부터 해보자.

10분 생각 노트 ✎

1. 나는 온라인과 오프라인에서 일관된 이미지를 유지하고 있는가?

2. 사람들에게 긍정적인 첫인상을 남기기 위해 어떤 노력을 하고 있는가?

3. 나의 전문성과 신뢰를 증명할 수 있는 오프라인 활동에는 무엇이 있는가?

4. 최근 누군가에게 감사 인사를 전한 적이 있는가? 감사하는 태도를 지속적으로 실천하고 있는가?

5. 네트워킹 행사나 모임에서 적극적으로 나를 알리고, 기회를 만들기 위해 노력하고 있는가?

나의 가치를 마케팅하라

5.6 포기하지 않는 꾸준함으로 퍼스널 브랜딩 완성하기

> "지금, 이 순간 최선을 다하는 것이
> 다음 순간 최선의 자리에 오를 수 있게 해준다."
>
> - 오프라 윈프리

오프라 윈프리의 명언이 의미하는 것이 있다. 눈앞의 작은 일이라도 꾸준히 포기하지 않고 성실하게 나아갈 때 작은 최선들이 누적되어 여러분의 브랜드 가치를 만들어 낼 수 있다는 점이다. 나만이 보여줄 수 있는 차별성, 성실함, 긍정적 에너지, 전문성 등은 단번에 나의 이미지를 만들어 주지 않는다. 기업에서 브랜딩할 때도 끊임없이 고객과의 접점을 찾아 어필하면서 친숙해지는 과정들을 거친다.

"나는 이렇습니다. 빠밤, 이런 사람입니다. 짜짠!" "당신은 제가 보증합니다. 믿어보세요." 한 번 알린들 나를 그런 이미지로 기억해 줄 사람은 아무도 없다. 묵묵히 그리고 꾸준히 나를 만들어 표현하고 드러내야 한다. 앞에서 설명한 대로 온오프라인의 다양한 채널로 방향성을 정해서 접근하되 일회성으로 그치면 안 된다.

포기하지 않고 꾸준히 그리고 묵묵히 나를 만들어가는 과정에서 퍼스널 브랜딩이 완성될 수 있다.

.

왜 꾸준함이 필요할까?

퍼스널 브랜딩이란 나라는 사람을 알리고 이미지를 일관되게 구축해 나가는 과정이다. 기업에서 제품을 브랜딩하는 것과 같은 이치지만 개념을 이해하고 알고 있는 사람과 그렇지 않은 사람과의 차이는 있다. 과거엔 많은 사람이 대기업에 들어가거나 공무원, 선생님 같은 안정적인 직업을 꿈꿨지만, 미디어 시대에는 한 사람의 특별한 능력이나 가치를 중요하게 여긴다. 이런 능력이 정확하게 맞아떨어지는 업무나 비즈니스라면 상상할 수 없는 시너지가 나기도 한다.

꾸준함으로 새로운 기회를 맞이한다면 공식적으로 퍼스널 브랜딩을 잘 끌어낸 것이지만, 비록 그런 일이 빠르게, 눈에 띄게 벌어지지 않더라도 걱정하지 말자. 여러분이 현실에 안주하지 않고 매일 스스로를 만들어가는 과정 또한 내면에 쌓아가는 단단한 초석이 될 수 있는 시간이다.

레드오션이 아닌 곳이 없는 세상에서 차별화는 정말 힘든 것이라고 할 수 있는데, 결국 꾸준하게 한 사람은 이뤄낼 수 있다. 어느 순간 포기하고 멈춘 사람은 한계가 있을 수밖에 없다. 사실 온라인에 콘텐츠를 쌓다 보면 '모래사장에 내 콘텐츠는 모래 한 알'이라고 생각하며 누가 나를 알아봐 줄까, 굳이 시간과 노력을 들여서 해야 하나, 라는 생각이 들 수 있다. 경쟁자가 많은 온라인 세상에서 누가 나를 알아보고 찾아올지 아무도 모르기 때문에 꾸준히 하다 보면 나의 전문성이나 개성을 알리는 도구의 역할을 충분히 해줄 것이다.

꾸준히 만들어 간 나를 보여주는 글이나 영상으로 된 콘텐츠들은 내가 얼마나 성실하게 일해 왔는지 말로 하지 않아도 보여줄 수 있다. 많은 기업에서 면접을 보거나 서포터스를 뽑을 때 SNS 채널 주소를 기록하도록 한다. 일부러 물어보고 답변을 듣지 않아도 가지고 있는 채널의 분위기는 그 사람을 설명하기 가장 좋은 도구이기 때문이다.

꾸준함은 지속 가능 성장의 기본 요소

물론 취업 준비나 직장 생활, 창작활동 속에서 실패와 슬럼프를 겪을 수도 있다. 하지만 그런 과정 또한 자기만의 서사가 되기 때문에 조금씩이라도 계속하다 보면 생각해 보지 않았던 영감이나 인사이트를 얻게 될 것이라고 확신한다. 이 과정은 습관이고 훈련이기 때문에 하다 보면 속도나 퀄리티는 무한대로 확장된다.

'잘하는 사람이나 하는 거지, 나는 못 해'라는 생각을 버리고 꾸준함으로 승부해 보길 바란다. 꾸준함은 단순히 '성실하다'라는 이미지를 넘어 지속 가능한 성장을 이루는 핵심 동력이 될 수 있다. 블로그나 SNS에 올리는 과정에서 자신의 꾸준함이야 말로 실패, 성장, 재도전 같은 선순환이 일어날 수 있다. 꾸준함은 단기적으로 폭발적인 성과를 보여주지 않을지라도 계속해서 전진하는 힘을 제공해 준다.

큰 도약을 꿈꾼다면, 지금, 이 순간의 작은 걸음을 놓치지 말아야 한다. 꾸준함은 지속 가능 성장의 기본 요소이자 어떠한 외부 충격에도 끄떡없는 탄탄한 내공의 근간을 마련해 줄 것이다.

꾸준한 퍼스널 브랜딩은 비즈니스 성장으로 연결된다

미약하고 잘 알려지지 않은 상태로 시작했지만 퍼스널 브랜딩으로 유명 인사가 된 사람들이 있다. 모두 거창한 초기 자본이나 특별한 인맥 없이 꾸준히 콘텐츠를 쌓아 올린 결과 각 분야에서 영향력을 갖게 되었다.

요즘 관심 있게 보는 숙박업 사장님(@haru.pension)이 있다. 대천에서 펜션을 운영하면서 자신의 진심은 '조식 제공'에 있다고 하면서 콘텐츠를 많이 올린다. 직접 만든 에그 샐러드가 빵빵하게 들어간

모닝빵을 제공하는데, 정성과 진실을 느낄 수 있는 비주얼이다. 요리사 출신임을 밝히며 잘할 수 있는 부분으로 고객을 감동시키고자 노력하는 분이었다.

이곳은 꾸준히 반복적인 콘텐츠를 올리다 보니, 손님들의 후원으로 예약 잡기가 힘든 곳이 되었다. 오직 손님을 생각하면서 만드는 조식이나 매일 객실을 정리하는 과정을 주로 올렸다. 결국 이런 콘텐츠들은 사장님의 매력으로 어필되어 고객들이 자연스럽게 펜션을 예약하고 결국 TV 출연 제안(SBS 〈생방송 투데이〉)까지 받게 된다.

반복해서 말하지만, 아무리 진심과 정성이 있다고 해도 그걸 전할 수 있는 매체를 활용하지 않으면 아무도 그 노력을 알 수 없다. 조식을 통해 1년 동안 1,500건의 예약이 발생했다고 한다. 나를 위해 정성을 가지고 준비하는 곳으로 인식된다면, 사람들은 자연스럽게 그곳으로 향한다.

펜션 사업 자체가 계절을 많이 타고 여름 휴가철 또는 주말에만 손님이 와서 꾸준한 수익을 만들기 쉽지 않은 영역이다. 이곳은 사장님이 가진 매력으로 펜션 운영에도 큰 영향을 미쳤다. 퍼스널 브랜딩으로 차별화가 쉽지 않은 영역에서도 안정적으로 사업을 운영하게 된 것이다.

제주도에서 카페를 운영하는 황리라 대표님(@cafe_cheesetabby). 자기만의 톡톡 튀는 생각을 인스타에서 어필한다. 개성 있어서 인스타 시작 초기에 팔로우했는데 꾸준하게 계정 팔로우가 늘어나며 인플루언서가 되었다. 물론 카페가 이국적인 느낌으로 특별한 감성을 주긴 하지만 대표님이 가진 자유분방하고 당당한 모습이 쌓여 두꺼운 팬층이 생겨났다. "저를 만나고 싶으신 분들은 저희 카페로 오세요"라고 이야기할 정도이다.

　퍼스널 브랜딩의 힘은 이런 것이다. 보고 싶고 만나고 싶은 사람, 함께하고 싶은 매력적인 사람, 명확하게 정의할 수 있는 자기 색깔이 있는 사람, 자기를 드러내는 능력이 늘어날수록 다양한 팔로워가 생기고 조회수도 올라간다.

　예시로 살펴본 펜션과 카페를 통해 퍼스널 브랜딩이 확실한 곳은 수익화도 자연스럽게 이루어진다는 것을 알 수 있다. 레드오션이 아닌 곳이 없는 시장에서 나만의 색깔과 이미지는 특별한 차별화 전략이 될 수 있다. 특히 함께 일하고 만나 보고 싶은 사람으로 브랜딩해야 한다. 우리가 퍼스널 브랜딩을 하는 이유도 시장에서 효율적으로 자신을 어필하기 위해서이며, 결국 그런 과정은 우리에게 생각지 못한 수익을 가져다주기 때문이다.

　일반적으로 마케팅에서 들인 시간과 노력 비용을 한 축으로 하고, 성과를 한 축으로 했을 때 정방향(/)으로 천천히 그리고 꾸준히 올라갈 수 있다고 한다. 하지만 경제학과 투자 전문가인 제임스 듀젠베리(James Duesenberry)에 의하면 과거의 정방향과는 다른 양상을 보인다. SNS 세상의 디지털 마케팅은 J커브라고 하는데, 어느 선까지는 정체되어 있다가 드라마틱한 성과를 내기도 한다. 꾸준하게 나만의 콘텐츠를 발행하다 보면 알고리즘이 여기저기 나의 콘텐츠를 알려주고 다닌다. 말 그대로 발이 없는 데도 신경 쓰지 않는 사이에 나를 알리고 있는 것이다.

이젠 퍼스널 브랜딩 없이 살 수 없다. 절대 늦은 시간은 없으니, 시작하자!

10분 생각 ─ 노트

1. 나는 지금 어떤 '작은 걸음'을 꾸준히 이어가고 있는가?

2. 내가 진심으로 잘하고 좋아하는 일은 무엇이며, 이를 어떻게 표현할 수 있을까?

3. 콘텐츠가 '모래사장 속 한 알'처럼 느껴질 때, 그래도 계속할 수 있는 이유는 무엇인가?

4. 지금 당장 시작할 수 있는 간단한 브랜딩 활동은 무엇일까?
   (SNS, 블로그, 오프라인 모임 등)

5. 꾸준함을 통해 얻은 작은 성공이나 깨달음이 있다면 구체적으로 기록해 보자.

나의 가치를 마케팅하라

5.7 후속 전략: 결과 분석과 피드백으로 나를 진화시키기

"진정한 성장과 변화는 자기성찰에서 비롯된다."

- 존 맥스웰

마케팅 전문가 피터 드러커는 "자기 자신을 정직하게 평가할 때 더 나은 미래를 만들어 낼 수 있다"고 말했다. 우리가 종종 범하는 오류는 주어진 일을 해결하기 위해 분주하게 앞으로 나아갈 뿐 지금 한 일에 대한 성과관리나 피드백에서는 미처 생각하지 못하는 경우가 많다는 것이다. 생각할 겨를도 없이 공부, 시험, 취업 준비 등 헤쳐 나갈 일들이 많다.

마지막 이야기를 쓰면서 마케팅을 잘하기 위한 2가지는 관찰과 피드백임을 다시 한번 강조하고 싶다. 퍼스널 브랜딩은 '나'라는 브랜드를 기획하고 알리는 과정에서 끝나는 것이 아니라, 지속적으로 점검하고 성장시키는 과정을 동반해야 비로소 완성도 높은 브랜드로 거듭날 수 있다.

퍼스널 브랜딩과 동시에 자기 계발 가능

SNS나 블로그, 오프라인 네트워킹 등을 통해 나를 세상에 알렸다면, 이제부터는 성과와 반응을 면밀히 분석하고, 그에 맞춰 전략을 수정, 보완해 나가는 후속 전략이 필수적이다. 특히 2030 세대는 빠르게 변화하는 디지털 환경과 트렌드에 민감하기 때문에, 과거에는 통하던 방식이 어느 순간부터 통하지 않는 일도 비일비재하다. 따라서 끊임없는 업데이트와 개선 과정을 통해, 한 단계 더 진화된 나만의 브랜드를 만들어가는 꾸준한 노력이 필요하다.

콘텐츠도 기본적인 스토리 라인이나 스크립트 쓰기 또는 영상으로 제작하는 등 단순하게 업로드하는 것이 아니라 영상 제작 또는 AI 프로그램을 다루는 기술적 능력도 있어야 한다. 글로 올리려면 읽어보고 싶은 글, 영상이라면 보고 싶은 재미나 감동이 있는 부분을 자극할 만한 영상으로 만들 수 있어야 한다. 퍼스널 브랜딩을 사용해서 전자책을 발행하거나 자신만의 전문성을 부각하는 방법으로 사용되기도 한다.

나이가 들고 성숙해지면서 내가 가진 콘텐츠나 취미도 충분히 변화할 수 있다. 풍부해지는 나의 경험과 기록들로 퍼스널 브랜딩을 시작할 수 있다.

성과의 과정과 의미 되새기기

어떤 목표를 달성한 후 가장 중요한 부분은 자신의 성과를 객관적으로 분석하는 시간이다. 사람들은 대부분 결과를 성취하면 바로 다음 단계로 넘어가지만, 결과와 과정에 대한 충분한 분석 없이 진행하는 것은 다음 목적지에서의 성공 확률을 놓치는 것과 같다. 결과 분석 과정에서 주관적인 감정과 객관적인 데이터를 통해 분석한다면 긍정적인 요소를 발견할 수 있다.

시험에서 높은 점수를 받았지만, 특정 영역에서 점수가 낮다면 이는 보완이 필요한 부분으로 인식해야 한다. 어른이나 아이나 동일한 것은 시험을 보고 오면 '수학에서 2문제 틀렸어'에서 끝난다. 결과에 대한 과정에서 어떤 문제가 있었는지 진단하지 않으면 같은 실수를 반복하게 된다. 도형인지, 연산 실수인지 또는 시험 당시 컨디션 난조인지, 그렇다면 그 이유는 무엇이었는지에 대해 보완할 수 있는 대안들을 고민하고 적용해야 한다.

직장에서 연봉 협상을 할 때도 비슷한 원칙이 적용된다. 같은 직급의 동료보다 연봉이 낮다고 느낄 수 있지만, 데이터를 통해 자신의 성과나 기여도를 비교 분석하면 보다 객관적인 협상 전략을 수립할 수 있다. 감정적으로 "내가 얼마나 열심히 일해 왔습니까?"라고 하지 말고 성과를 냈던 핵심 과정들과 결과물을 정확하게 내놓는다면 더 좋은 조건으로 협상에 임할 수 있을 것이다.

개인 브랜딩을 위해 SNS를 운영하는 경우, 특정 콘텐츠에 대한 반응이 낮다면 단순한 실패로 치부하기보다 어떤 유형의 콘텐츠가 더 많은 참여도를 끌어냈는지 분석하고 개선하는 과정이 필요하다. 또한 창업을 준비하는 경우, 첫 시도에서 기대한 만큼의 매출이 나오지 않더라도 포기하지 않고 고객 피드백과 판매 데이터를 통해 제품 개선 방향을 찾을 수 있다.

피드백에 넓은 마음으로 귀를 기울여야만 성장할 수 있다. 음식점의 경우, 매출이 잘 나오는 요일, 시간을 봐서 직원들을 배치하고 재고 관련해서도 효율적으로 세팅할 수 있다. 퍼스널 브랜딩이든 사업 관련 마케팅이든 성과 과정에서의 중요한 의미들을 헛되이 넘기지 말고, 진지하게 생각하는 습관을 갖도록 하자.

퍼스널 브랜딩이 없던 시절부터 앞으로의 미래까지

마케팅이나 브랜딩이 생소하던 시기, 사람들은 대부분 자신을 설명하는 수단이 다니는 학교나 회사의 네이밍에 한정되어 있다고 생각했다. 나이가 어릴 땐 부모님의 직업이 후광효과로 자신의 퍼스널 이미지에 영향을 미치기도 한다. 회사원은 속한 부서, 직급이 자기를 설명해 주었고, 이는 과거엔 사회적으로 흔히 통용되는 방식이기도 했다. 하지만 이런 방식은 너무 진부하다.

진정한 퍼스널 브랜딩은 단순히 소속을 기반으로 자신을 정의하는 것이 아니라, 자기만의 고유한 가치와 강점을 발견하고 그것을 효과적으로 전달하는 과정이다. 사람들이 나를 기억하게 만드는 것 그리고 시간이 지나도 꾸준히 발전하는 모습으로 자리 잡는 것이 중요하다.

퍼스널 브랜딩은 한 번의 이벤트나 프로젝트로 끝나는 것이 아닌 지속적인 성장 과정이다. 처음에는 나의 관심사나 전문성을 알리는 것에서 시작할 수 있지만, 점점 경험을 쌓아가면서 변화하고 확장할 수 있다. 나의 콘텐츠, 생각, 커리어 방향까지도 성장에 따라 달라질 수 있으며, 이를 어떻게 관리하고 발전시키는가가 퍼스널 브랜딩의 핵심이다.

결국 퍼스널 브랜딩은 나를 더욱 의미 있게 드러내는 과정이며, 이를 통해 더욱 주체적인 삶을 살 수 있게 된다. 내 이름이 하나의 브랜드가 되는 순간, 나는 더 이상 조직에 의존하는 존재가 아니라, 나만의 가치를 만들어가는 사람이 되는 것이다.

군중 속에 소속된 하나의 내가 아닌 그 어떤 곳에서도 빛나는 나를 만들어가기 바란다.

강원국 작가님의 강의에서 "발사체로 살지 말고 발광체로 살아라"라는 말을 들었다. 이 문장 자체가 퍼스널 브랜드의 핵심이다. 외부의 힘(타인의 기대. 환경, 사회적 압박)에 움직이는 물체가 되지 말고, 스스로 빛을 내는 존재, 남이 정해준 길을 따라가는 것이 아니라 스스로 가치를 만들어 내고 영향력을 발휘하는 삶을 살아가길 바란다.

발광체로 멋지게 살아갈 빛나는 당신을 위해….

10분 생각 노트 ✎

1. 목표 달성 후, 결과를 분석하고 피드백을 반영한 적이 있는가? 어떻게 했는가?

2. 빠르게 변하는 디지털 환경에서 나만의 브랜드를 지속적으로 발전시키는 방법은 무엇일까?

3. 자신의 성과를 감정적이 아닌 객관적으로 평가하는 것이 왜 중요한가?

4. 실패를 경험했을 때, 이를 분석하고 개선하기 위해 어떤 노력을 하는가?

5. 퍼스널 브랜딩을 성장시키기 위해 현재 어떤 노력을 하고 있는가?

하루 10분! 2030을 위한 퍼스널 브랜딩 노트
나의 가치를 마케팅하라

발행일 ㅣ 2025년 4월 23일 초판 1쇄
지은이 ㅣ 안영진
펴낸이 ㅣ 장영훈
펴낸곳 ㅣ (주)이츠북스
편집 ㅣ 고은경, 김영경
마케팅 ㅣ 남선희, 김희경
디자인 ㅣ 디자인글앤그림

출판등록 ㅣ 2015년 4월 2일 제2021-000111호
주소 ㅣ 서울특별시 강서구 화곡로 416, 1715~1720호
대표전화 ㅣ 02-6951-4603
팩스 ㅣ 02-3143-2743
이메일 ㅣ 4un0-pub@naver.com

홈페이지 ㅣ www.4un0-pub.co.kr
SNS 주소 ㅣ 페이스북 www.facebook.com/saungonggam
         인스타그램 www.instagram.com/saungonggam_pub
         블로그 blog.naver.com/4un0-pub

ISBN ㅣ 979-11-94531-10-4 (03320)

사유와공감은 (주)이츠북스의 출판 브랜드입니다.

> **사유와공감**은 독자 여러분의 책에 관한 아이디어와 원고 투고를 기쁜 마음으로 기다리고 있습니다. 책 출간 아이디어가 있으신 분은 이메일 **4un0-pub@naver.com** 또는 사유와 공감 홈페이지 '작품 투고'란으로 간단한 개요와 취지, 연락처 등을 보내 주세요. 여러분을 언제나 응원합니다. ☺